Gesto transfigurado

Copyright do texto e das fotos © 2010 Ana Flávia Mendes
Copyright da edição © 2010 Escrituras Editora

Todos os direitos desta edição reservados à
Escrituras Editora e Distribuidora de Livros Ltda.
Rua Maestro Callia, 123
Vila Mariana – São Paulo, SP – 04012-100
Tel.: (11) 5904-4499 – Fax.: (11) 5904-4495
escrituras@escrituras.com.br
www.escrituras.com.br

Editor
Raimundo Gadelha
Coordenação editorial
Mariana Cardoso
Revisão
Jonas Pinheiro e Ravi Macario
Capa, projeto gráfico e editoração eletrônica
Ligia Daghes
Foto da capa
Manoel Pantoja
Impressão
Corprint

Dados Internacionais de Catalogação na Publicação (CIP)
(Câmara Brasileira do Livro, SP, Brasil)

Mendes, Ana Flávia
  Gesto transfigurado: a abstração do cotidiano urbano nos processos de criação e encenação do Espetáculo Metrópole / Ana Flávia Mendes. –
  São Paulo: Escrituras Editora, 2010. –
  (Coleção Processos Criativos em Companhia; v. 1)

  Bibliografia
  ISBN 978-85-7531-339-8

  1. Teatro brasileiro 2. Metrópole (Espetáculo teatral)
  I. Título. II. Série.

09-10037   CDD-869.92

Índices para catálogo sistemático:
1. Teatro: Literatura brasileira   869.92

Este livro é resultante de um projeto contemplado pela FUNARTE
com a Bolsa de Estímulo à Produção Crítica em Dança.

Impresso no Brasil   Obra em conformidade com o Acordo
Printed in Brazil   Ortográfico da Língua Portuguesa

Ana Flávia Mendes

Gesto transfigurado
a abstração do cotidiano urbano
nos processos de criação e encenação do
Espetáculo Metrópole

Coleção
*Processos
Criativos em
Companhia*
Volume 1

escrituras
São Paulo, 2010

Aos meus pais, Antônio (em memória) e Cristina, incentivadores e exemplos de dedicação e competência em pesquisa e ensino.

O imaginário recria o real para que a obra realize-se como arte.
Sérgio Sapucahy

SUMÁRIO

A metrópole do corpo 11
João de Jesus Paes Loureiro
Introdução 19

1 Metrópole: *trajetória do grupo e concepção do espetáculo* 29

2 A importância do gesto cotidiano urbano para a concepção e criação do espetáculo *Metrópole* 93

3 Do transeunte cotidiano ao transeunte cênico: *o processo de transfiguração gestual na composição do espetáculo* 123

4 Considerações finais 165

5 Referências 177

Apêndice 183

Anexo 205

A Metrópole Do Corpo
João de Jesus Paes Loureiro[1]

Revelando marcante talento artístico intercorrente com a vocação de pesquisadora, desdobrando um texto de elegante fluência estilística, aliando sensibilidade e reflexão, Ana Flávia Mendes Sapucahy nesta obra *Gesto transfigurado: a abstração do cotidiano urbano nos processos de criação e encenação do espetáculo Metrópole*, consagra a fecunda união entre a experiência de criação coreográfica e o desnudamento reflexivo do processo genético da criação desse espetáculo, realizado com a Companhia Moderno de Dança.

A modernidade do grupo que sustenta sua inserção na dança contemporânea, deflui, no caso específico deste ensaio-proposta, inicialmente da opção pela cidade como matriz do espaço mítico-poético gerador do processo criativo. A metrópole percebida como revelação de gestualidade propiciadora não apenas de nova situação do homem no mundo, mas como habitação coreográfica provisória do ser. Não se

---

[1] Poeta e professor da Universidade Federal do Pará. Mestre em Teoria Literária pela Pontifícia Universidade Católica (São Paulo – SP), doutor em Sociologia da Cultura pela Universidade de Paris IV (Sorbonne – Paris).

trata apenas de uma motivação cosmopolita de temas. No espetáculo ocorre a revelação da metrópole do corpo a partir do corpo na metrópole.

A metrópole, como lugar da complexidade humana moderna, torna-se um cortejo de imagens, ora na inquieta alegoria de gestos crispados, ora na perplexa contemplação de um sonho, ora na reencarnação do gesto cosmopolita no corpo do outro que dança. Não descreve, expressa. Alquimia da matéria bruta do cotidiano em ouro e prata, sol e lua da arte. O gesto que se faz do tamanho da alma.

Para a elaboração intercorrente da coreografia e com este ensaio-proposta, Ana Flávia parte da experiência vivida, fragmentária, atomizada que o cosmopolitismo metropolitano impôs à vida moderna. Diálogo com homens, objetos, trabalho, equipamentos urbanos. A complexidade da metrópole transferida à complexidade coreográfica, sob os parâmetros de uma rígida reflexão aproximativa e problematizante de cada passo da construção cênica, em permanente diálogo crítico e criativo com os intérpretes componentes do grupo.

Na visão da autora, intérprete-criadora-teorizante, a metrópole passa a ser um novo modelo cultural da sociedade marcada pela urbanização cosmopolita, assim como fator de socialização para o homem moderno urbano. A metrópole é o centro da economia monetária e a presença significativa no processo de intelectualização da vida individual, conjugada com a emergência do homem racional moderno e formas alienantes do trabalho. Vida fragmentária, centro do cosmopolitismo, modelo de vida supraobjetiva, sede da liberdade pessoal, lugar da radical divisão de trabalho, impregnação do pessoal pelo individual, espaço concreto da cultura objetiva, anonimato sistemático, solidão individual, multidão solitária, intelectualismo em conflito com a sensibilidade, supremacia do espírito objetivo sobre o subjetivo. Gesto fragmentário de um mundo fragmentado. Oportunidade para o tenso reencantamento na dança da realidade urbana em processo de desencantamento, e do qual emergem formas estéticas ou estetizadas.

A essência da dança é o sentimento feito gesto pelo encanto que de si mesmo emana à contemplação. Não se trata mais do antigo sentimento musical nela imanente, mas de uma espécie de musicalidade que o sentimento contém. Musicalidade advinda seja da música, seja do silêncio, seja dos ruídos, seja de uma vaga forma rítmica essencial do ser.

A autonomia da dança está em sua atual independência em face das outras artes, ainda que cada vez mais se aproprie delas. Uma dança musical sem propriamente dançar a música; plástica e gestual sem propriamente tornar-se o movimento pictórico; poética sem subordinação à poesia. A libertação da música e da plasticidade pictórica escultural talvez seja a grande conquista da dança na contemporaneidade. Não é o ritmo musical por si que gera a dança e nem a cinética escultórica, e nem o movimento físico. O que gera a dança é o gesto com alma individuada, isto é, o gesto em liberdade que gera sua própria alma e sua significação sensível. O sentimento imaginado para produzir sentido, e não a expressão direta de um sentimento vivido. A dança contemporânea torna-se a alma visível de quem dança.

A tensão no espaço que caracteriza o ato de dançar em *Metrópole* reproduz a tensão no espaço dos cidadãos no cotidiano da megalópole. Não há *catarsis*. Há uma acumulação densa de tensões em superposição de camadas emocionais ou na sucessão de estados de emoção. Não há lugar para o vazio do repouso. Tudo é preenchido com o ritmo da vida e pelo ritmo da dança. É uma cena tensa, densa, intensa, que em si mesma condensa a complexidade da própria vida metropolitana.

Ana Flávia adotou neste livro como fio condutor e operacional da reflexão geradora do espetáculo, o conceito de "conversão semiótica"[2]. É a transformação da vida em movimento de uma metrópole, no movimento sensível e significante da dança. Não se trata de transposição mecânica, de forma mimética, mas da transfiguração mesma do

---

[2] Paes Loureiro, João de Jesus. *A conversão semiótica da arte e na cultura*. Belém: Editora Universitária/UFPa, 2007.

gesto utilitário em gesto expressivo, modificando seu sentido de uso banal e cotidiano em prazer contemplativo. A conversão semiótica é a mudança na essência do objeto, pelo jogo de re-hierarquização da função dominante em face das outras. A função dominante material ou prática do gesto padrão urbano de uma metrópole é substituída pela dominância da função estética em que o gesto é objeto de contemplação gratuita, no kantiano sentido de uma finalidade sem fim.

Essa re-hierarquização de funções – a legitimação da dominância estética – vem sustentada pelo alto grau de artisticidade que a coreografia reúne. Não se trata apenas de um movimento formal. Ocorre um profundo rearranjo na estrutura do signo, que assume outra natureza, sem perder inteiramente a natureza anterior. O signo utilitário do real cotidiano urbano da metrópole torna-se uma espécie de "efeito do real", suporte do signo imaginário feito gesto significante, que é a dança.

Ana Flávia retrata esse nosso viver cercado de símbolos e imagens, que na vida cosmopolita torna-se ostentação e espetacularidade. Sem a doçura simbólica da natureza, a metrópole cerca o cidadão de uma torrente esmagadora dessas imagens e símbolos. Nesse cenário, a intérprete-coreógrafa-pesquisadora Ana Flávia preocupa-se com o sentido desses símbolos e imagens enquanto são o que são, e a diferença essencial das outras realidades que os constituem. Colhendo imagens diretamente do espaço do real para convertê-las em imagens e símbolos estéticos na dança, imprime nelas o poder da abstração, da condução de uma ideia, da impregnação do sentimento.

A dança é uma pérola cultivada na concha do gesto.

Reunindo excelente equipamento teórico, absorvendo o processo de criação-reflexiva ou de reflexão-criadora, no processo híbrido de ação-teorizante contido neste ensaio, Ana Flávia contou com a intensiva colaboração dos intérpretes-criadores componentes da Companhia Moderno de Dança. É no diálogo com os intérpretes-criadores de seu grupo que a autora teceu passo a passo o labirinto do processo coreográfico enquanto os tornava companheiros de viagem nessa jornada problematizante e intuitiva da elaboração das reflexões contidas nesta obra.

A dimensão fenomenológica do gesto na dança é a de deixar vir à presença, exibir-se, candidatar-se à contemplação. Na dança, o gesto é o presente do presente da imagem. Faz com que venha à presença do presente o presente da imagem. Desvela. Esse foi o procedimento de Ana Flávia Mendes Sapucahy, pastoreando o imaginário, na criação do espetáculo *Metrópole*. Um procedimento criativo totalmente entrelaçado com a fundamentação teórica que resultou neste livro. Se a poesia falou pelas imagens do gesto na dança coreografada, a fenomenologia dialogou no texto escorreito e preciso deste ensaio.

Um ensaio rigoroso, rítmico, erudito, de linguagem límpida, de elegância formal, de invenção metodológica, de saborosa leitura, de relevante contribuição ao conhecimento do processo de criação-reflexiva na dança contemporânea.

Introdução

> *Traziam as sobrancelhas vincadas e seus olhos moviam-se rapidamente; quando davam algum encontrão em outro passante, não mostravam sinais de impaciência; recompunham-se e continuavam, apressados, seu caminho. Outros, formando numerosa classe, eram de movimentos irrequietos; tinham o rosto enrubescido, resmungavam e gesticulavam consigo mesmos, como se se sentissem solitários em razão da própria densidade da multidão que os rodeava.*
> Edgar Allan Poe

De acordo com as perspectivas que cercam a criação artística em dança na atualidade, ao coreografar, o criador tem a possibilidade de agregar linguagens diversas, utilizando diferentes elementos como base para seu processo, sejam eles concretos ou abstratos, artísticos ou não, pertencentes às mais variadas formas de expressão humana.

É com base nesta liberdade de experimentação que surge o espetáculo *Metrópole* no contexto da dança em Belém do Pará. Caracterizado como uma obra que "bebe em diversas fontes", esse espetáculo associa técnicas de dança e elementos teatrais, além da arte da palavra verbalizada através da poesia, e do universo das artes visuais, por meio de uma cenografia que pode ser compreendida como uma instalação. Além disso, ele está, principalmente, fundamentado no desejo de construir outras formas de dançar para um grupo jovem e ansioso por experimentar novidades.

A temática de *Metrópole* está clara no seu próprio título. Ao contrário do que possa parecer em uma primeira instância, contudo, não se trata de uma representação de veículos, metrôs e asfalto, mas de uma representação do caráter e da condição humana nas grandes cidades. Nesse sentido, ressalto ainda o fascínio cuja referida temática exerce sobre as pessoas envolvidas no processo de criação do espetáculo, especialmente sobre mim, coreógrafa em quem o desejo de vivenciar experiências em grandes metrópoles sempre esteve presente, refletindo, consequentemente, nos fazeres criativos pessoais.

Assim, julgo pertinente evidenciar o discurso abaixo relacionado, decorrente das sessões de orientação da pesquisa acadêmica que desencadeou minha dissertação de mestrado[3], aqui tornada livro. O entendimento desse discurso, esclarecido em seguida, é fruto de uma construção coletiva (orientador e orientanda) e eficaz no sentido da autorreflexão.

---

[3] Dissertação defendida junto ao Programa de Pós-graduação em Artes Cênicas da Universidade Federal da Bahia em 26/05/2004.

Posso considerar que o desejo de experimentar a vida em uma grande metrópole sempre esteve incorporado à minha personalidade, fato esse que, em minha prática artística, mais dia, menos dia, acabaria sendo revelado. Eu não escolhi o tema da metrópole, ele me escolheu. O ambiente cotidiano das metrópoles me induziu a desejá-lo como meu ambiente de vida, de modo que, em minha criação, quando percebi, já estava envolvendo questões referentes a ele. Eu simplesmente não escolhi. Quando percebi, o que eu vinha criando era exatamente aquilo, então, eu só fiz "batizar".[4]

Em consequência deste caráter subjetivo da obra, optei por conceber o espetáculo enfatizando as relações humanas que se estabelecem nas grandes cidades. Minha Metrópole pode ser vista como São Paulo, Paris, Nova Iorque, ou Belém, cidade que cresce, recebe informações diversas e cuja população também absorve consequências comportamentais

---

[4] Diálogo de Orientação 1 - Por sugestão do Prof. Dr. João de Jesus Paes Loureiro, orientador de minha pesquisa de mestrado, passei a gravar alguns trechos de diálogos amadurecidos durante o processo de orientação. O orientador procurou, segundo suas palavras, estabelecer questões que me permitissem externar ideias pessoais relativas à proposta, dialogando com o tema condutor da dissertação de forma complementar, desdobradora de sentidos ou contraponto teórico. Conforme suas observações, o orientador procurou dar voz ao trabalho de orientação, como realidade assumida no processo. Considerando o fato de trazer à cena minha voz singularizada e reflexiva, criamos, especialmente para o trabalho acadêmico, uma estratégia denominada de Diálogos de Orientação; uma complementação necessária ao contexto teórico da análise e que surge, em determinados momentos, incorporada ao texto no mesmo formato em que esta primeira se apresenta. A reunião desses diálogos pode ser encontrada no apêndice deste livro.

caracteristicamente urbanas. Mas um aspecto em comum entre essas cidades é o enfoque de *Metrópole*: os homens e suas diferenças que se tornam um conjunto idêntico, como no trecho do conto de Edgar Allan Poe, evidenciado na epígrafe desta apresentação.

Então, quer o espectador imagine esta ou aquela cidade, minha metrópole possui suas próprias características e não se pretende uma representação fiel e específica de quaisquer das que, por ventura, venham a ser imaginadas, mas sim, a criação autônoma de uma outra, cujos princípios, ao descortinarem o fator humano da coisa, revelam características genéricas e inerentes a qualquer grande urbe.

Compreender uma metrópole como um grande centro urbano é uma forma de conceituar de maneira clara e precisa a palavra-título do espetáculo cujos processos de criação e encenação são aqui analisados. Por outro lado, sendo o entendimento da palavra em questão uma necessidade essencial à compreensão do leitor acerca da ideia de metrópole sobre a qual o referido espetáculo discorre, julgo pertinente suscitar algumas explicações para o termo e suas relações com a condição humana diante desta realidade.

As referidas explicações, obtidas com base em uma reflexão acerca do comportamento humano ante ao progresso nos centros urbanos, são verificadas em Berman (1986), que ao analisar o modernismo nas cidades, atenta para o fato de como a humanidade respondeu ao processo de desenvolvimento urbano frente à modernização. Referindo-se à cidade de Nova Iorque o autor comenta: "Dez minutos nesta estrada, um suplício para qualquer pessoa, são especialmente horríveis para aqueles que relembram o Bronx como costumava ser" (p. 275).

O choque de Berman ilustra o impacto inicial com que toda a humanidade, e não apenas a população de Nova Iorque, recebeu o progresso nas cidades, isto é, já prevendo um futuro de implicações nas relações humanas e na qualidade de vida de um modo geral. Por intermédio do poema Uivo, de Allen Ginsberg, Berman complementa sua ilustração do terror do desenvolvimento urbano:

> *Que esfinge de cimento abriu seus crânios e devorou seus cérebros e imaginação? [...]*
> *Moloch prisão incompreensível! Moloch cárcere desumano de ossos cruzados e congresso de mágoas! Moloch cujas construções são sentenças! [...]*
> *Moloch cujos olhos são milhares de janelas cegas! Moloch cujos arranha-céus erguem-se nas ruas como Jeovás infinitos! Moloch cujas fábricas sonham e se lamentam na névoa! Moloch cujas chaminés e antenas coroam as cidades! [...]*
> *Moloch! Moloch! Apartamentos de robôs! Subúrbios invisíveis! Tesouros de esqueletos! Cegas capitais! Indústrias demoníacas! Nações espectrais! Manicômios invencíveis! Líderes de granito!*
> *Eles são esmagados ao alçar Moloch ao Paraíso! Calçamentos, árvores, rádios, toneladas! Içando a cidade ao Paraíso que existe e está em toda parte sobre nós! [...]*
> *Moloch que cedo entrou em minha'alma! Moloch que me*

aterrorizou, tirando-me de meu êxtase natural! Moloch que eu abandono! Reviver em Moloch! Luz que emana do céu!

(Ginsberg apud Berman, 1986, p. 294)

O inconformismo de Berman, explicitado por meio das palavras de Ginsberg, assim como identificador do pensamento de uns, pode não ser adequado ao pensamento de outros, ou o próprio homem, com toda a capacidade adaptativa que possui, pode passar a absorver determinadas condições em função da própria sobrevivência ante o progresso, sem necessariamente sentir-se prejudicado.

Segundo os estudos de Harvey sobre o autor Raban, uma metrópole se caracteriza pela efemeridade do homem, cuja imagem na cidade é tida como um

> *"empório de estilos", em que todo o sentido de hierarquia e homogeneidade de valores estava em vias de dissolução. O morador da cidade não era alguém necessariamente dedicado à racionalidade matemática (ao contrário do que presumiam muitos sociólogos); a cidade parecia mais um teatro, uma série de palcos em que indivíduos podiam operar sua própria magia distintiva enquanto representavam uma multiplicidade de papéis.*
>
> (2001, p. 15)

Para Harvey, então, o pensamento de Raban considerava muito mais a presença e o papel do ser humano nas metrópoles, em detrimento do aspecto material que despontava como fruto do desenvolvimento tecnológico, constituindo o "novo" espaço físico dessas cidades. O homem, então, a partir de sua atuação diante do progresso, garantiria, como ainda vem garantindo, o *show* da vida ao vivo nas metrópoles.

O pensamento de Berman, contudo, não se mantém estagnado e se volta para o aspecto das peculiaridades humanas que estão além da não aceitação da modernidade nas cidades. O autor se vale do comentário de Jacobs, que explica:

> *Sob a aparente desordem da velha cidade encontra-se uma ordem maravilhosa que mantém a segurança das ruas e a liberdade da cidade. É uma ordem complexa. Sua essência é a complexidade do uso da calçada, que traz consigo uma sucessão constante de olhares. Essa ordem é toda composta de movimento e mudança e, embora seja vida, e não arte, podemos imaginariamente chamá-la a forma artística das cidades, comparando-a à dança.*
> (apud Berman, 1986, p. 301)

Este olhar sensível para a grandeza, a feiura e a beleza das metrópoles, é o primeiro passo para a configuração do espetáculo coreográfico em estudo, que pretende ilustrar as relações humanas no âmbito urbano e cotidiano. Nessa perspectiva, *Metrópole* prima pelas caracterizações de diferentes personalidades em situações diversas e por representar o contexto de variadas formas de comportamento humano frente ao crescimento vertical evidenciado nas selvas de pedra. O espetáculo instala a figura do homem desumanizado nas diversas esferas urbanas.

Alcançar a dimensão de complexidade destas relações e tratá-las cenicamente, porém, implica não apenas observação constante da realidade, mas transformação desta, priorizando sempre a abstração como recurso criativo, situação esta que vem colocar os processos coreográficos do espetáculo à frente da análise aqui presente. Essa análise, por sua vez, engloba uma ampla reflexão acerca dos aspectos cênicos constituintes do espetáculo, os quais, adiante, serão objetivamente discutidos, sobretudo no que tange à gestualidade, isto é, a movimentação corporal coreografada.

Este livro, portanto, surge em forma de reflexão teórica abrangente e sistematizada, caracterizado como uma abordagem estético-ensaísta acerca dos aspectos artísticos vigentes nos processos criativos e cênicos do espetáculo *Metrópole*. Destacando, primordialmente, a estética como teoria de base para o desenvolvimento da pesquisa acadêmica que circunscreve a produção destes escritos, evidencio, como suporte, uma breve passagem por noções e conceitos da Antropologia, da Etnocenologia, da Filosofia e da Semiologia, essenciais à compreensão de uma análise prioritariamente artística.

Em se tratando da estrutura desta obra, saliento que a mesma se encontra dividida em três capítulos, estando a análise dos dados coletados e observados durante a pesquisa, diluída em sua composição, prevalecendo neles o caráter de ensaio, apresentando ainda uma circularidade cuja intenção é garantir a presença do objeto no todo do texto, propiciando, assim, maior unidade ao trabalho.

No primeiro capítulo constam, de forma particularmente reflexiva, alguns esclarecimentos acerca das concepções de *Metrópole* e da sua trajetória, o que, em primeira instância, pretende propiciar ao leitor uma apresentação do espetáculo, suas condições de criação, e seus intérpretes, vislumbrando, dessa forma, a compreensão dos seus objetivos e justificativas. O conteúdo deste capítulo trata das concepções do espetáculo, seus principais indutores criativos e um pouco do pensamento que dinamiza o seu surgimento; traz uma abordagem da trajetória do espetáculo; apresenta um breve histórico do surgimento da Companhia Moderno de Dança, para a qual *Metrópole* foi criado, realizando ainda um paralelo às etapas do processo do próprio espetáculo.

Já o segundo capítulo, a partir da articulação de alguns conceitos oriundos da Antropologia, traz à tona uma reflexão acerca da relação homem *versus* sociedade, sociedade essa que, para mim, é a própria metrópole. Neste capítulo, sugiro a utilização do conceito de "impregnação cultural", criado neste trabalho para propiciar um claro entendimento da relação anteriormente referida e suas implicações no convívio social das grandes cidades, além de sua representação no espetáculo.

O terceiro e último capítulo, por sua vez, é o que, provavelmente, possui maior enfoque artístico, já que sua teoria de base fundamental é a estética. Dividido em quatro unidades, ele é uma argumentação sobre o processo de transformação da realidade cotidiana das cidades em um espetáculo de dança. O olhar para essa transformação, porém, encontra-se voltado, especificamente, para a gestualidade, isto é, para a coreografia, ou ainda, para o jogo existente entre realidade e imaginação no ato de criar dança.

O conteúdo geral deste livro resulta, primordialmente, em um texto de natureza reflexiva e autônoma, pela escrita analítico-discursiva dos processos de criação e encenação de uma manifestação cênica, focalizando os aspectos estéticos do espetáculo *Metrópole* e configurando-se, por fim, como um exercício autocrítico do fazer artístico. Sua existência pode ser apontada como uma contribuição para a bibliografia específica da área de dança em Belém do Pará e, consequentemente, para o país. Além disso, pode também ser reconhecida como a documentação sensível de um processo de criação, com utilidade futura para uma proposta de reedição do espetáculo, ou ainda, sugerir procedimentos para criação em dança de um modo geral.

1 METRÓPOLE: TRAJETÓRIA DO GRUPO E CONCEPÇÃO DO ESPETÁCULO

> *A dança é o incêndio da beleza.*
> *É corpo que se faz obra de arte e objeto do desejo.*
> *Poesia que se liberta da palavra.*
> *Oceano gestual de um mar ilimitado.*
> João de Jesus Paes Loureiro [5]

Que razões impulsionaram o surgimento e o processo criativo do espetáculo *Metrópole*? Compreender a maneira como ele foi desencadeado, coincidindo com a estreia da própria companhia de dança que o encena e conhecer as etapas de sua criação constituem o intuito maior do capítulo que aqui se inicia.

Acreditando na sensibilidade das palavras do poeta João de Jesus Paes Loureiro, para quem as possibilidades da

---

[5] Trecho do poema *Hino à dança*, de João de Jesus Paes Loureiro. Ressalto que os demais capítulos deste livro também são abertos por fragmentos continentes do referido poema, com autoria identificada pelas iniciais do poeta. *Hino à dança* pode ser lido na íntegra nos anexos desta publicação.

dança são infindas, vislumbro o espetáculo *Metrópole* como resultado da associação entre algumas dessas possibilidades, as quais transitam pelos fazeres criativos da poesia do corpo em movimento.

Proporcionarei aqui alguns caminhos ao entendimento do espetáculo, tomando consciência das opções de trabalho adotadas ao longo de sua criação e apresentando a condição de abertura e disposição de seus intérpretes à experimentação do novo, favorecendo, assim, a compreensão dos pensamentos e teorias que cercam não somente a pesquisa acadêmica relacionada com *Metrópole*, mas a sua própria concepção artística.

COMPANHIA MODERNO DE DANÇA APRESENTA: METRÓPOLE
A trajetória de uma experiência cênica

No processo criativo de *Metrópole*, uma palavra se faz presente e norteadora: desejo, isto é, a necessidade pessoal de transmitir, por meio das linguagens artísticas, uma coletânea de vivências, sensações, tristezas e alegrias. Esse desejo, entretanto, não se encontra dissociado da necessidade de experimentação de formas de dança diferentes em relação às experiências anteriores dos envolvidos no referido espetáculo. Por essa razão, foram eleitas algumas características da pós-modernidade na dança para serem trabalhadas no sentido da composição do mesmo. Essas características, contudo, assim como o entendimento mais apropriado acerca do que vem a ser de fato este movimento para a dança, encontram-se detalhadas adiante, mais especificamente no trecho em que trato dos indutores do processo de criação.

Por enquanto, voltando a tratar das questões referentes à trajetória do espetáculo, ressalto que o desejo de criar *Metrópole* gerou, portanto, o desafio de exercitar o olhar artístico sobre as metrópoles, de modo que a primeira atitude no processo criativo foi mobilizar diversas experiências individuais e coletivas vivenciadas em diferentes centros urbanos. O olhar para as cidades foi voltado para a realidade a fim de abstraí-la coreograficamente, atitude essa que muito tem a ver com o potencial criador do artista, que busca transformar a realidade ou a própria abstração em obra de arte.

Retomando as observações de Berman (1986), levo em consideração os estudos deste autor sobre o modernismo de Baudelaire. Berman se vale desse estudo para argumentar o comportamento observador e manipulador do artista sobre aquilo a que ele pretende se dedicar para alimentar sua criação. Para o autor, Baudelaire refere-se ao pintor como o artista que contempla a realidade à sua volta de forma detalhada e minuciosa. Como o pintor de Baudelaire, ainda que a era do modernismo já esteja, de certo modo, distante, coloco-me à disposição das grandes cidades para contemplá-las e, tendo como base seus encantamentos ou terrores, criar minha própria imagem de uma metrópole.

Berman (1986, p. 141) comenta que, antes de mais nada, Baudelaire acredita que *o artista moderno deve 'sentar praça no coração da multidão, em meio ao fluxo e refluxo do movimento, em meio ao fugidio e ao infinito', em meio à multidão da grande metrópole. 'Sua paixão e sua profissão de fé são tornar-se unha e carne com a multidão – épouser la foule' (casar-se com a multidão). Baudelaire põe ênfase especial nessa imagem estranha e obsessiva. Esse 'amante da vida universal' deve 'adentrar a multidão como se esta fosse um imenso reservatório de energia elétrica'[...]. A arte moderna deve recriar, para si, as prodigiosas transformações de matéria e energia que a ciência e a tecnologia modernas – física, óptica, química, engenharia – haviam promovido.*

Minha pretensão de fazer dança assume estas noções de modernidade como elementos relevantes para a solidificação da temática do espetáculo, no entanto, sem desejar ser uma obra modernista. Por outro lado, deve-se reconhecer a existência de algumas semelhanças entre minhas concepções de criação em dança, que perpassam algumas concepções de pós-modernidade, e o movimento em questão, já que, conforme argumenta Harvey (2001, p. 49), o pós-moderno também apresenta a "aceitação do efêmero, do fragmentário, do descontínuo e do caótico que formavam uma metade do conceito baudelariano de modernidade".

Para além dos modernismos e pós-modernismos em questão, olhar para as grandes cidades com os olhos de artista é algo que está relacionado com as concepções da Etnocenologia, conforme abordarei adiante. Antecipadamente, porém, julgo pertinente explicar que, a partir de estudos e leituras acerca desta disciplina, entendo que as coisas da vida cotidiana, ainda que não sejam espetáculo artístico, podem apresentar características que as tornem espetaculares e, particularmente, um grande centro urbano é recheado de elementos espetaculares e, portanto, de espetacularidade.

Voltando-me especificamente para o argumento do desejo de criar *Metrópole*, observo comentários pertinentes nas entrevistas realizadas com alguns dos intérpretes do espetáculo, sendo que, nos trechos selecionados, estão presentes algumas observações:

> *Tu és uma pessoa muito urbana, muito corre-corre, não gostas de ficar parada. É tipo uma coisa assim pulsante, é uma coisa que não para e é como uma grande metrópole. Eu acho que esse espetáculo se confunde muito contigo. Tu és uma pessoa muito cosmopolita, eclética que... antigamente não era muito, mas passou a aceitar mais tudo à sua volta. De uns tempos pra ca estás mais metrópole, absorvendo muitas influências, uma coisa assim... que não é mais constante.*
> (Nelly Brito[6])

Certamente, as percepções dos intérpretes também se devem à necessidade particular e evidente de uma busca pela emergência do novo, característica predominante na dança contaminada pelos ideais de pós-modernidade, cuja prática de

---

[6] Acadêmica de Psicologia e bailarina. Integrante do elenco de *Metrópole*, em entrevista concedida para esta pesquisa no dia 13/10/03.

composição pode ser gerada a partir de qualquer estímulo. Essa busca, ao ser mais profundamente compreendida, passa a desencadear um processo maior e mais intenso de sensibilidade para com as realidades do mundo.

De uma forma ou de outra, compreendo que o grande impulso para a criação de *Metrópole* não é fruto única e exclusivamente de um elemento indutor, mas de vários. Destaco, entretanto, o pensamento pós-moderno na dança como o indutor mais significativo e evidente. Há muita clareza a respeito do desejo e necessidade de experimentar novidades para o próprio corpo, bem como para o corpo do outro.

A liberdade de criação que este pensamento pós-moderno na dança propicia, dá ao coreógrafo e ao próprio intérprete a possibilidade de incluir-se na obra, especialmente pelo fato de qualquer gesto ser um elemento passível de se discorrer coreograficamente sobre. Inclusive, nessa forma de dança, o bailarino, enquanto intérprete da obra, tem a oportunidade de colocar-se com muito mais propriedade na dança, tendo em vista uma espécie de compromisso de cocriação que assume no momento do processo coreográfico.

Nesta perspectiva, *Metrópole* é o reflexo coletivo de várias coisas, dentre elas a necessidade de comungar de uma mesma experiência, diferente de todas as outras já vivenciadas, assim como é resultado de união e credibilidade mútuas entre as pessoas que compõem a Companhia Moderno de Dança, grupo que encena o referido espetáculo.

Sobre este argumento, ressalto que a estreia do espetáculo *Metrópole* se confunde com a experiência da estreia da própria companhia. Nesse sentido, pode-se afirmar que ambas caracterizam-se predominantemente por envolver, na trajetória de sua experiência cênica, momentos de paixão, entrega e reciprocidade.

A Companhia surge no cenário da dança paraense a partir dos trabalhos iniciados com os grupos folclórico e coreográfico do Colégio Moderno, instituição de ensino localizada na cidade de Belém e atuante na cena educacional há mais de 90 anos.

Em sua prática educacional, o Colégio incorporou a dança como atividade extracurricular a partir do ano de 1975, ofertando-a ao alunado como instrumento complementar à formação escolar, tendo sido a primeira instituição de ensino formal paraense da rede privada a oferecer tal atividade. Nessa trajetória, foram fundados o Grupo Coreográfico do Colégio Moderno e o Grupo de Dança Folclórica do Colégio Moderno, que atuam entre os grupos de dança escolares até os dias atuais, inclusive apoiando a Companhia Moderno de Dança em suas empreitadas, dentre os quais cito o Festival Escolar de Dança do Pará, encontro que, desde 2002, reúne grupos escolares anualmente na cidade de Belém.

Sabe-se, entretanto, da grande rotatividade que caracteriza a dança nas escolas, tanto no que diz respeito aos alunos quanto ao próprio quadro de professores. Esse fato, no entanto, foi diferenciado pelo Colégio Moderno a partir da criação da Companhia Moderno de Dança, que se deu, de fato, no final de 2002.

Com o intuito de dar continuidade ao trabalho iniciado no nível escolar, bailarinos que integravam o Grupo

Coreográfico do Colégio Moderno, bem como seu grupo folclórico, propuseram à direção pedagógica da instituição a constituição de um grupo que abraçasse as necessidades e propostas de seus antigos alunos.

Desta maneira foi fundada a Companhia Moderno de Dança, um grupo "independente"[7], apoiado pelo Colégio Moderno e formado por seus antigos alunos, além de alguns bailarinos ainda alunos, em fase de conclusão do ensino médio, e outros amigos convidados. Uma companhia eminentemente jovem, empreendedora e cheia de sonhos. Assim, observo, de um lado, a estreia de uma companhia de dança e do outro, a de um espetáculo coreográfico a ser encenado por essa companhia. Todas elas, conforme anteriormente explicado, coexistentes, além de estarem cercadas por emoções em comum.

Uma dessas emoções pode ser explicada como o que inicialmente despertou o interesse do grupo tanto para sua constituição quanto para a construção do espetáculo. Uma forma de paixão ansiosa por incendiar os corações dos amantes da dança, porém, cautelosa do ponto de vista da qualidade, razão pela qual os integrantes da companhia não deixaram de exercitar a paciência para alcançar seus objetivos; um amálgama de sentimentos dicotômicos cercando as relações humanas, a relação com a dança e principalmente a relação com o processo criativo de *Metrópole*.

---

[7] A companhia, ainda que não se caracterize como grupo institucional, funciona com o apoio do Colégio Moderno, especialmente de sua Diretora Pedagógica, professora Marlene Vianna. Trata-se de uma companhia vinculada ao Colégio Moderno por meio do empréstimo do espaço físico da instituição, além do vínculo histórico e emocional, uma vez que a maioria dos integrantes estudou nesta instituição.

Tal paixão resultou em um desejo de fazer da arte um instrumento para crescer, de praticar para aprender, além de ser refletido no instante cênico, já que é possível perceber nos intérpretes, durante a atuação, um desprendimento que até comove, por sua irradiante expressão de amor à dança, de amor à companhia e à liberdade do movimento, além da absoluta credibilidade no que se faz.

O sentimento de reciprocidade é outro exemplo inerente ao grupo e ao espetáculo. A reciprocidade diz respeito à aceitação do trabalho e, consequentemente, do grupo no meio artístico. Uma espécie de recepção calorosa por parte da plateia de dança, bem como por parte do público "leigo".

Essa reciprocidade, entretanto, surge primeiramente a partir da aceitação da proposta do espetáculo por parte dos próprios intérpretes, passando posteriormente à aceitação da plateia, experiência essa comprovada pelo grupo com base nos resultados positivos percebidos, não somente nas apresentações do espetáculo, mas também nas atuações e premiações[8] advindas dos festivais nos quais o grupo participou dentro e fora do Estado do Pará.

---

[8] Dentre as premiações dos trechos de *Metrópole* que participaram de festivais destacam-se: 2º lugar em Dança Contemporânea, no VII Festival de Inverno de Dança de São Paulo; 1º lugar em Dança Contemporânea no XI Dança Pará (Festival de Danças do SESI – Pará); Prêmio Coreógrafo(a) Revelação no XI Dança Pará; Prêmio Bailarino Revelação, no XI Dança Pará e 2º lugar no "Prêmio Valores da Terra" , do X Festival Internacional de Dança da Amazônia – FIDA e os prêmios de 2º e 3º lugares em Dança Contemporânea Conjunto e Solo Feminino, respectivamente. Além disso, o espetáculo foi premiado com o Projeto Pauta Residência (Teatro Experimental Waldemar Henrique) da Fundação Cultural do Pará Tancredo Neves.

Referindo-se ao processo de constituição da companhia, os integrantes destacam, dentre os sentimentos aqui ressaltados, a paixão, no sentido da paixão ao trabalho desenvolvido e aos próprios componentes da companhia. Um dos integrantes argumenta:

Já existia a necessidade de criar um grupo que pudesse funcionar em horários alternativos, já que muitos integrantes não estudavam mais no Moderno, o pessoal estava começando a entrar pra faculdade etc.; e também em função de buscar uma identidade e ter um caráter de companhia mesmo, um bailarino ajudar o outro e alcançar o que a gente almejava.

(Feliciano Marques[9])

Para esse bailarino, a relação de paixão ao grupo ultrapassa os limites da superficialidade e atinge a profundidade das relações de amizade entre os integrantes.

Outro integrante, por sua vez, refere-se ao processo de constituição da companhia como etapa em que apenas os mais interessados e, portanto, apaixonados, sobreviveram. Esse intérprete comenta:

Eu acho que "rolou" uma espécie de peneira; os que não conseguiram se adaptar, se segurar no grupo, acabaram saindo e ficaram só aqueles que gostam realmente da nossa maneira de dançar. Participar da companhia pra mim é até uma honra, porque é como

---

[9] Feliciano Marques é bailarino e graduado no curso de licenciatura em Educação Física. Como sujeito desta pesquisa, concedeu entrevista em 06/10/03.

se eu tivesse sobrevivido à peneira do grupo. Eu acho que essa é a diferença, agora só estão os que gostam mesmo.

(Márcio Moreira[10])

O fato é que esta miscelânea de sentimentos traz à cena um grupo que se caracteriza primordialmente pela união entre os integrantes e, consequentemente, um espetáculo mais verdadeiro do ponto de vista da qualidade da encenação. Os sentimentos de paixão e entrega são o forte do grupo, o que desencadeia um processo de alta concentração de energia positiva gerando realizações bastante consideráveis e, dentre elas, o próprio *Metrópole*.

A respeito desta "química", destacam-se os seguintes comentários:

Eu acho que a relação que os bailarinos têm de amizade, a amizade que nós bailarinos temos com vocês diretores, é o que identifica o grupo e torna o trabalho da companhia mais vivo.

(Wanderlon Cruz[11])

O que a gente tem entre a gente é muito forte e eu acho muito lindo isso. Mesmo com as nossas diferenças, quando a gente toma consciência de que vai dançar,

---

[10] Márcio Moreira é jornalista, ator e diretor de laboratórios teatrais do espetáculo *Metrópole*. É também integrante da Companhia Moderno de Dança e concedeu entrevista em 06/10/03.

[11] Bailarino e estudante de Arquitetura. Sujeito desta pesquisa em entrevista concedida em: 13/10/03.

a gente encara mesmo e vai fundo no que quer.

(Danielly Vasconcellos[12])

Considero que sejamos um grupo muito harmonioso. Acho legal o fato de todo mundo se respeitar, cada um com seus problemas e dificuldades. Vejo que em nosso grupo não existe essa coisa de rivalidade entre os integrantes, de um querer ser melhor que o outro. As diferenças completam o todo e é isso que nos torna especiais.

(Milena Lopes[13])

Os momentos que antecedem qualquer atuação cênica, seja em que evento for, podem ser tidos como os mais fortes e representativos da união que marca os depoimentos dos integrantes da companhia. Seriedade e brincadeira se integram no intuito de agrupar e colocar todos em sintonia, fortalecendo-lhes a identificação e corporificando-os como membros de uma "comunidade emocional"[14], conceito que se estabelece a partir de um processo de identificação emocional que se caracteriza por um ritmo específico regido por uma estética coletiva. É um estar junto, um partilhar de existências, ao contrário do processo observado na noção de multidão solitária anteriormente citada.

---

[12] Bailarina e Professora de Educação Física. Concedeu entrevista para esta pesquisa em 17/11/03.

[13] Entrevista concedida para esta pesquisa em 17/11/03, por esta bailarina e universitária, integrante do elenco de *Metrópole*.

[14] Sobre este conceito *cf.* Maffesoli (1997. p. 247-249).

Acredito que esses momentos devam soar um tanto esquisitos para quem está de fora. Contudo, para os que integram a companhia, trata-se de paixão ao trabalho e, principalmente, de cumplicidade, de amizade que se expressa no ato de acreditar que as energias em torno são capazes de reger o bem e o mal, motivo pelo qual esse "ritual de harmonização" já se tornou uma prática essencial ao bom desempenho na atuação do grupo e sem o qual não se entra em cena.

No que tange à reciprocidade metodológica, saliento que o trabalho como um todo foi uma ideia absolutamente aceita pelos bailarinos. Na verdade, admito que a concepção partiu da autora que aqui se apresenta, tendo sido posteriormente divulgada para os intérpretes, que se identificaram logo no primeiro momento.

O desejo mútuo de experimentar novas formas de expressão corporal dançada, explorando como assunto as relações humanas nas grandes cidades, ganhou força a partir do momento em que a equipe (direção e intérpretes) se identificou com a temática, sem deixar de considerar sua abrangência e, consequentemente, suas diversas possibilidades de abordagem.

Em se tratando da reciprocidade da plateia, os intérpretes acreditam que isto se deva ao processo criativo contínuo, marcado especialmente pela dedicação. Particularmente penso que essa dedicação englobe todos os aspectos anteriormente abordados, marcando assim a estreia da companhia, a estreia de *Metrópole* e até mesmo dando ao grupo uma identidade própria que, continuamente, vem conquistando seu espaço.

Ao contrário do que se poderia imaginar, porém, *Metrópole* não estreou como um espetáculo completo, mas como um trecho daquilo que viria a ser um espetáculo. Sua primeira apresentação, também primeira apresentação da companhia, data de abril de 2003, por ocasião de um evento intitulado *Feminino na Dança*, promovido pelo SESI – Pará e realizado no Teatro Margarida Schivasappa, em Belém, reunindo diversos grupos paraenses. Naquela ocasião, apenas as mulheres dançaram um trecho que havia sido coreografado a partir de uma aula de composição coreográfica ministrada por mim.

A partir de então, consolidou-se a ideia de se ampliar aquela cena dançada para um espetáculo inteiro. Foi quando realmente iniciou o processo de montagem das cenas, àquela altura ainda soltas. Essa etapa, como não poderia deixar de ser, gerou a necessidade de realização de atividades voltadas para a construção de personagens, uma vez que a pesquisa ainda deixava muito a desejar.

Antes mesmo de o espetáculo ficar pronto, os bailarinos tiveram a oportunidade de vivenciar na própria pele o dia a dia em um grande centro urbano. Por ocasião da participação no Festival de Inverno de Dança de São Paulo, realizado na capital paulista, foram experimentadas diversas sensações. Desde uma simples caminhada em longas avenidas até a locomoção de um bairro a outro nos movimentados e velozes metrôs, tudo foi válido enquanto experiência. De certa forma, a estada em São Paulo foi um laboratório vivo para os intérpretes de *Metrópole*, além de ser um exercício de sensibilização coletiva em outra cidade que não a nossa Belém do Pará.

Esta experiência resultou em uma quantidade considerável de material para a continuidade do processo criativo, não apenas pela vivência diária em um grande centro urbano, mas pelo valor de experimentação cênica da coreografia durante o festival, especialmente por ter sido apresentada com a participação de todo o elenco. Aliás, a participação neste evento também foi de grande relevância pelo fato de as avaliações por escrito dos jurados terem contribuído bastante no amadurecimento dos integrantes da companhia e, consequentemente, no amadurecimento da própria concepção do espetáculo.

Retornando para Belém, os trabalhos foram ainda mais intensificados e a metrópole, cada vez mais presente no corpo de cada integrante, foi ganhando forma. Uma forma estranha, um tanto indefinida, "descosturada" como o próprio processo, mas que aos poucos se aprimorava. Um dos fatores primordiais para esse aprimoramento foi a introdução definitiva do personagem central da trama, interpretado por um ator.

Ao se dar por "finalizado", o espetáculo completo estreou no dia 10 de setembro de 2003 no Teatro Gabriel Hermes (SESI – Belém, PA), durante a abertura do II Festival Escolar de Dança do Pará que, conforme anteriormente explicado, é promovido anualmente pelo Colégio Moderno. Após sua estreia, *Metrópole* não entrou em cartaz, mas seu processo não parou, pois as participações em diversos festivais de dança foram intensas, além de o envolvimento com a pesquisa que gerou este livro também ter influenciado bastante nas reformulações de cada cena constituinte da coreografia e no amadurecimento cênico de cada integrante da companhia.

O período subsequente à primeira encenação foi mais introspectivo, pois se abriu o espaço para avaliações do espetáculo. A partir dessas avaliações, surgiram discussões bastante produtivas do ponto de vista reflexivo, com o intuito de repensar a prática de reelaboração de *Metrópole*, desta vez mais consistente e madura.

Nos primeiros momentos de montagem do espetáculo, os temas das discussões internas do grupo variavam entre a estrutura das coreografias e as concepções de cenário ou figurino, além, obviamente, do entendimento conceitual de uma metrópole. A cada conversa surgia um novo motivo para a criação e os intérpretes adquiriam mais autonomia, maior propriedade sobre a temática e, consequentemente, maior segurança.

Por outro lado, após estruturado e apresentado em diversas ocasiões, o espaço de discussão sobre o espetáculo ganhou um formato um pouco mais amadurecido, de modo que outras concepções artísticas, outros elementos cênicos, como a temática, a narrativa e, principalmente, a busca do entendimento dos significados dessas concepções, entraram no foco das reflexões coletivas da companhia, implicando inclusive nas próprias reflexões teóricas de minha dissertação de mestrado, originária deste livro, cujo processo retorna ao espetáculo, refletindo seu próprio amadurecimento, como no comentário a seguir:

> *Criar* Metrópole *para mim foi um grande desafio. Foi especial por ser a primeira iniciativa consciente de tentar romper com as barreiras que outrora me impunham tantas regras e obrigações. Mais especial ainda, foi o fato de ter sido tão fortemente influenciada por pensamentos teoricamente fundamentados.[...]. Após a primeira montagem, quando decidi assumir a possibilidade de uma reflexão teórica acerca desse espetáculo, a emoção ganhou um novo sabor de responsabilidade. [...]. Sinto*

muito prazer em ter esta chance e poder dividi-la com os bailarinos da companhia, pessoas tão importantes na minha formação profissional. Pessoas que aprendem comigo e que, simultaneamente, me ensinam. Pessoas que acreditam nesse espetáculo. Metrópole é, na verdade, o reflexo coletivo de várias coisas, dentre elas, da necessidade de comungar de uma mesma experiência, diferente de todas as outras já vivenciadas, assim como é resultado de uma união e credibilidade mútua entre as pessoas que compõem a Companhia Moderno. Espero que seja apenas um primeiro passo e que venham muitos outros.[15]

A Gênese Do Espetáculo

A pós-modernidade na dança: um conjunto de pensamentos desencadeadores da concepção cênica e coreográfica de Metrópole

Segundo Sachs (*apud* Dantas, 1999, p. 22),

a dança é a mãe das artes. A música e a poesia existem no tempo: a pintura e a escultura no espaço. Porém, a dança vive no tempo e no espaço. O criador e a criação, o artista e sua obra, são [na dança] uma coisa única e idêntica. Os desenhos rítmicos do movimento, o sentido plástico do espaço, a representação animada de um mundo visto e imaginado, tudo isto o homem cria em seu corpo por meio da dança.

Com o intuito de compreender com maior clareza esta concepção de dança que situa o corpo como seu veículo, Dantas contextualiza a opinião de Sachs afirmando:

---

[15] *Diálogos de Orientação* 2.

> *A dança – possibilidade de arte inscrita no corpo – é metáfora do pensamento e realidade desse mesmo corpo. Realidade do corpo, pois é nele que a dança se estrutura. Se ela é veículo de libertação do corpo, como quer Sachs, também molda, conforma, transforma e disciplina este mesmo corpo quando nele se faz presente. Por outro lado, o corpo que dança não é uma imitação, não figura um personagem ou uma singularidade: ele é o emblema do puro surgimento, é aparecimento, é manifestação do movimento, no instante mesmo em que esse movimento se institui, não exprime somente interioridade, visto que, por ser material, é todo superfície. A emoção que se busca na dança está tanto nos movimentos que dele surgem como na sua presença real, corpórea, material.*
>
> *Esse corpo, também intensidade, é o centro do qual partem e para o qual refluem os movimentos.*
>
> *(Dantas, 1999, p. 24)*

Dessa maneira, compreendo, portanto, que a dança é uma forma de expressão do corpo que se estabelece a partir da combinação de movimentos. Ela pode possuir função ritualística, de diversão ou artística, mas sempre está relacionada com a simbologia corporal de algo concreto ou abstrato. É uma forma de expressar simbolicamente o pensamento do corpo, a respeito do corpo ou de outro elemento qualquer, mas sempre por intermédio do corpo.

É por essa razão que muitas formas artísticas de dança na atualidade têm privilegiado diferentes maneiras de pensamento do corpo. Assim, pode-se dizer que as novas propostas de se fazer dança refletem uma forma de filosofia corporal que desemboca nas práticas de composição coreográfica, as quais, em meu entendimento, em função do próprio pensamento e reflexão acerca do corpo, vem sendo fundadas nas concepções artísticas da pós-modernidade.

É possível explicar, lembrando Silva, que esse movimento "tomou como prerrogativa básica a pluralidade e abandonou completamente qualquer unicidade que ainda poderia existir e, precisamente por essa razão, seu debate mantém-se problemático" (2000, p. 123).

A unicidade, entretanto, não foi absolutamente recusada, mas deixou de ser o paradigma da arte, perdeu seu caráter exclusivo de norma artística vigente, dando vez à abertura para o múltiplo. Aliás, pode-se considerar que tal abertura caracteriza-se como uma consequência da mundialização e do contato mais ou menos simultâneo entre variadas culturas e civilizações.

Dentre as diversas características da pós-modernidade, destacam-se a fragmentação, a justaposição de imagens, a repetição e a utilização de diferentes técnicas e referências. Além disso, existem ainda a interdisciplinaridade, a ausência de narrativa linear e, principalmente, a ampla liberdade de criação e uso de materiais.

Harvey, ao analisar o pensamento dos editores da revista de arquitetura *Precise*, argumenta que

> o pós-moderno privilegia "a heterogeneidade e a diferença como forças libertadoras na redefinição do discurso cultural". A fragmentação, a indeterminação e a intensa desconfiança de todos os discursos universais ou (para usar o termo favorito) "totalizantes" são o marco do pensamento pós-moderno.
> (2001, p. 19)

De certa forma, a abrangência desse pensamento dificulta o entendimento acerca do que vem a ser de fato a implicação dessas características na dança, mas não impede a compreensão do mínimo de seu caráter cultural fragmentário, fato esse que desperta em mim grande interesse no sentido de rever minhas próprias experiências práticas de composição coreográfica e meus conceitos acerca das artes cênicas de um modo geral.

Como não poderia deixar de ser, os ideais da pós-modernidade contaminaram as diversas linguagens artísticas e, consequentemente, a dança. Silva (2000a) comenta que essa contaminação surge inicialmente nos Estados Unidos com a nomenclatura de dança pós-moderna, em meados da década de 1940, proposta pelo bailarino e coreógrafo Merce Cunningham, que pretendia trabalhar a dança enfatizando mais o movimento que a dramaticidade, como propunha a dança moderna.

Cunningham acreditava que, ao contrário das formas de dança moderna, o movimento deveria prevalecer na dança pós-moderna, e não a emoção decorrente da dramaticidade. Apesar de não possuir o intuito de negar essa última forma de dança, ele acreditava na existência de inúmeros outros indutores para a criação, como, por exemplo, o acaso.

Dentre as concepções filosóficas de Cunningham acerca da dança, Silva (2000a) aponta as seguintes: a narrativa única dá vez à fragmentada ou episódica; os espaços da encenação podem ser os mais inusitados e não mais apenas o palco italiano; o processo de criação linear dá vez à utilização da experimentação e da improvisação.

Silva explica que a abertura defendida por Cunningham deu à dança nos anos 60 um forte caráter de experimentação. "Nessa fase, tinha-se a impressão de se estar assistindo à vida em si mesma e não a uma coreografia propriamente dita" (2000a, p. 126). Por essa razão, coreógrafos como Trisha Brown, Lucinda Childs, Yvonne Rainer e Steve Paxton, dentre outros, apresentavam trabalhos caracterizados pela pesquisa de movimentação cotidiana e pela utilização desse cotidiano na própria encenação, além de outras características como a utilização de leigos nas obras coreográficas, o seguimento de uma linha de interpretação um pouco mais teatral, a utilização da técnica de contato improvisação[16] e a utilização de outras técnicas corporais.

Já na década de 1970, buscando aliar a este pensamento uma qualidade mais elaborada de movimentos, isto é, um pouco mais de "destreza técnica e fisicalidade" (Silva, 2000, p. 127), destaca-se o trabalho de Twylla Tharp. "Percebe-se em sua coreografia o interessante contraste entre o movimento despojado no tronco e braços em oposição a sequências intrincadamente elaboradas das pernas" (Silva, 2000a, p. 127).

Silva argumenta que, a partir da década de 1980, prevaleceu a interdisciplinaridade entre as artes, de modo que aos coreógrafos e dançarinos cabia aprender técnicas corporais diversas com a intenção de enriquecer suas atuações dentro da linguagem específica da dança.

Todo esse movimento foi vigente nos Estados Unidos, de modo que, na Europa, essa outra forma de ver e criar dança

---

[16] Esta técnica consiste em uma espécie de laboratório de criação de movimentos a partir da improvisação que surge do contato entre dois ou mais corpos. *cf.* Silva (2000b).

refletiu de maneira semelhante algumas características da chamada dança pós-moderna americana, porém, herdando-as, principalmente, do expressionismo alemão. Não pretendo adentrar nas discussões que tangenciam os fazeres contemporâneos da dança europeia, contudo, vale salientar, paralelamente aos exemplos citados anteriormente, algumas características da pós-modernidade na dança, verificáveis no trabalho desenvolvido por Pina Bausch.

Esta artista é considerada precursora da chamada dança-teatro. De acordo com Silva (2000b), ela costumava realizar uma justaposição do gesto cotidiano ao gesto abstrato e da palavra ao movimento, além de justapor também a música popular à ópera, assinalando o que se entende como dança-teatro. Essa categoria de arte cênica, apesar de classificada como dança, possui elementos caracterizadores do teatro, deixando espaço para que seja especificada como tal.

Os americanos do pós-modernismo, entretanto, também se deixaram impregnar mais tarde pelas influências europeias e vice-versa, de modo que hoje a dança já absorveu características diversas, advindas de diferentes correntes de pensamento coreográfico.

Em todos os períodos observa-se uma grande diversidade de características, porém, todas permeadas pela marcante presença da liberdade de criação, de modo que

> *a dança de hoje pode ser caracterizada como uma recombinação de certa forma reciclada de aspectos que vêm surgindo há quase quatro décadas [...], combinando facetas da dança*

moderna, cuja filosofia não é totalmente negada, com conceitos criativos dos anos 60, 70 e 80.

(Silva, 2000a, p. 127)

De acordo com estas concepções, então, as possibilidades de criação para a dança perdem o caráter místico e fantasioso dos temas abordados pelo balé em seus diversos períodos, especialmente o clássico, e dão vazão às mais diferentes temáticas, admitindo qualquer estímulo imaginável como indutor para a criação coreográfica. Até mesmo a simplicidade do cotidiano pode tornar-se fonte de criação.

Na experiência do espetáculo *Metrópole*, percebo que a liberdade de criação e expressão proporcionada pela presença do pensamento pós-moderno na dança, consiste em um de seus mais influentes indutores. Isso significa afirmar que, a partir do entendimento estético e conceitual da dança pós-moderna é que nasce, enquanto valor artístico defendido pela Companhia Moderno de Dança, o desejo de vivenciar outras situações de movimentação corporal em cena, na liberdade artística e técnica que essa expressão da pós-modernidade da dança propicia, sem negar quaisquer influências de técnicas corporais, mas sim absorvendo-as e contextualizando-as com as intenções pretendidas pelo espetáculo.

Além disto, acredito que, no caso do tema da metrópole, a melhor opção coreográfica seja uma estética mais próxima das concepções artísticas de pós-modernidade, a qual condiz com a realidade das metrópoles e dá maior liberdade de criação para encenar as situações inerentes a essa metrópole, ainda que alguns elementos técnicos do balé estejam evidentes na coreografia. Tal combinação, porém, mais que uma opção de riqueza para a construção coreográfica, é uma questão de adequação entre a forma e o conteúdo da obra.

Dessa maneira, julgo necessário esclarecer que, na concepção de *Metrópole*, não procurei seguir esta ou aquela corrente de dança pós-moderna, mas sim adotar algumas de suas características gerais e, principalmente, sua abertura à liberdade de criação, podendo incorporar elementos diversos abrangendo passado e presente por meio de uma comunhão que se projeta para o futuro.

Nestes termos, em *Metrópole* pode-se presenciar características como a narrativa fragmentada, a utilização multirreferencial de técnicas corporais, o uso da justaposição do gesto cotidiano ao abstrato, da associação entre ambos a partir da palavra falada e a participação de bailarinos mais experientes do ponto de vista das técnicas de dança, juntamente com outros menos experientes.

Um outro aspecto, entretanto, ganha força e passa a ser tão valorizado quanto as características observáveis no momento da apresentação: o processo de criação, compreendido como uma ação continuada no sentido da criação de uma coreografia ou espetáculo coreográfico; uma atitude que busca dar forma a uma ideia de maneira dinâmica, passível de modificações, e já contendo toda a beleza cênica ou estética que tornará a própria prática da dança no produto, que é o espetáculo.

Neste sentido, a indeterminação, enquanto característica do movimento pós-moderno e, por conseguinte, da chamada dança pós-moderna, é a noção mestra dos processos de criação. Quando se trata de obras abertas, indeterminadas, o produto se torna a encenação do próprio processo e esse, além de tudo, ganha espaço e condições de aprimoramento e engrandecimento. É dessa forma que se presencia o processo de *Metrópole*, isto é, com um caráter de experimentação e abertura.

Meu entendimento acerca do processo criativo, no entanto, torna-se mais claro a partir da compreensão dos elementos que o constituem. Para Loureiro (2002), que se fundamenta no sentido aristotélico de potência e ato, o processo criativo de uma obra artística compreende quatro potências, isto é, quatro elementos determinadores na atitude criativa, que serão atualizados na síntese estética que configura a obra de arte.

O autor traça uma relação entre os conceitos de potência e ato defendidos por Aristóteles, contudo, a abordagem destes, especialmente no que tange ao meu objeto de estudo, será mais aprofundada adiante. Por ora, interessa-me levantar o aspecto de valoração do processo criativo como uma das características presentes na pós-modernidade da dança, surgindo, por esta razão, como pensamento desencadeador da criação de *Metrópole*, bem como da reflexão que cerca seu processo ao longo desta pesquisa.

Assim, o estudo que aqui se apresenta não é uma análise de teorias ou de apenas um produto artístico. Trata-se de uma ponderação acerca da experiência de criação, de um processo de construção coreográfica que, por sua vez, é impulsionado pela absorção de alguns pensamentos, os quais, conforme explicados e exemplificados anteriormente, encontram-se vigentes nos enfoques teóricos da dança pós-moderna e, por conseguinte, presenciados no próprio produto.

Neste caso, o produto artístico é, então, o suporte de uma experiência criadora de conversão do gesto comum em gesto estético. Ele funciona como vetor para uma reflexão mais aprofundada a seu respeito. Por essa razão, ressalto que a excelência da coreografia pesquisada não é o mérito da questão sobre a qual me debruço nestes escritos. Seu processo de criação, por outro lado, é o grande núcleo investigativo da presente análise.

Nesse sentido, volto à necessidade de compreender o que vem a ser o processo de criação. Entendendo como criar em arte, a ação de formar, constituir uma obra a partir de algo, lembro que "o ato criador abrange, portanto, a capacidade de compreender; e esta, por sua vez, a de relacionar, ordenar, configurar, significar" (Ostrower, 1987, p. 9), sendo todas essas atitudes inerentes à condição humana, ou seja, o potencial de criação se faz presente no homem como uma forma de necessidade vital que engloba uma série de valores pessoais desse homem.

Reportando-me às potências criadoras propostas por Loureiro, observo que estas dizem respeito àquilo que "se transformará em algo além de si e que em si já está contido" (2002, p. 34). Loureiro explica que, para Aristóteles, que relaciona os conceitos de potência e ato, uma determinada coisa pode conter em potência um elemento que a torne algo mais em ato. Por meio da exemplificação de uma semente, que já contém a árvore em potência, porém (ainda) não é essa árvore, Aristóteles deixa claro o caráter de transformação que marca qualquer processo de criação quando argumenta que a semente tornar-se-á árvore, portanto, "atualizando-se".

Assim, Loureiro (2002) classifica as potências que cercam o ato criador como:

– Potência inspiradora: relacionada com a disposição e necessidade do criador para a prática da criação. No caso da dança, pode-se dizer que se trata do desejo de criar, ou de experimentar, formas de expressão por meio do corpo. No que se refere ao espetáculo *Metrópole*, essas formas estariam relacionadas com a necessidade de experimentar outras combinações gestuais para a expressão do corpo que dança, alimentadas pelo pensamento pós-moderno que norteia a dança.

– Potência plasmadora: é a própria atitude de dar vida à obra artística. Para a dança, é o próprio ato de coreografar.

– Potência inventiva: é o verdadeiro sentido do ato de criar, isto é, o próprio valor de ineditismo que a obra, por ser única, possui.

– Potência iniciadora: diz respeito aos efeitos estéticos que a obra pode causar, sendo estes renovados e **ressignificados**, como o próprio processo de recepção, a cada atuação em que venha a ocorrer.

A compreensão da pós-modernidade da dança vigente no processo de *Metrópole* pode ser entendida como potência inspiradora em que, a partir do entendimento de valores estéticos específicos para a forma de dança pretendida, surgem valores, ideias e concepções de dança que fundam o pensamento da Companhia Moderno de Dança e, portanto, participam de seu potencial criador. Em *Metrópole*, a natureza investigadora e criativa do homem, característica que também é contemplada pelo pensamento pós-moderno, estimula o desencadeamento do seu processo de criação, sem preconceitos e sem pré-julgamentos.

Esta concepção é muito claramente evidenciada no texto do programa do espetáculo aqui analisado: "*Metrópole* é o reflexo de um desejo mútuo de vivenciar a experimentação cênica com maior liberdade, redescobrindo os limites do corpo e do espaço através de improvisações e pesquisas de movimentos".[17] Essas palavras revelam muito claramente a importância e o valor atribuídos ao processo do produto coreográfico.

Além disso, o próprio fato de se poder vivenciar uma ação continuada de busca de uma forma imanente de dançar dá ao processo criativo um sabor todo especial, uma forma agradável de vivenciar novas descobertas. Uma outra possibilidade prevista pelo pensamento na dança que se propõe fundamentada em características da pós-modernidade.

É muito ilustrador perceber de que maneira este pensamento contamina de fato os integrantes da Companhia Moderno de Dança, de modo que, apesar de muito jovens, a compreensão que eles aplicam em seu processo criativo é bastante condizente com aquelas defendidas teoricamente, conforme observa-se nos trechos a seguir:

> *Eu acho que não existe uma arte final. A arte final é a gente que impõe, porque a arte é resultado de processos e mais processos e talvez algo que nunca acabe e sempre possa ser mais aprimorado*

---

[17] Programa do Espetáculo *Metrópole*. Redação e Organização: Ana Flávia Mendes. Impressão: Delta Gráfica e Editora. Belém. Março, 2004.

ainda, mas talvez nunca chegue a uma perfeição [...]. O processo sempre ajuda nas apresentações porque cada vez mais a gente vai aprimorando as nossas técnicas, o nosso trabalho.
(Feliciano Marques)

O processo faz a gente aprender e entender mais o que chamam de dança contemporânea, algo que a gente não estava muito acostumado. Acho que é isso, as mudanças vêm sempre dependendo da situação e a continuidade do trabalho depende muito de pesquisa, de aula, pra gente ver novas técnicas, descobrir novos movimentos, evoluir no trabalho [...]. Não existe esse negócio de uma coisa ser feita e depois acabar, pronto, não modificar mais nada, se tornar uma coisa única. Eu até acho que isso não é legal. A mudança, ao contrário, é sempre boa para a melhoria de tudo.
(Wanderlon Cruz)

A gente não consegue fazer nada sem experiência. Tem alguns que falam que conseguem, mas acabam se contradizendo. Isso de pesquisa, de processo de criação é muito importante porque ele é a experiência, é a teoria pra viver na prática, ao mesmo tempo que a teoria é prática também, pois é uma observação prática que no final a gente acaba também praticando. Quer dizer, a prática que tu viste acaba virando a tua teoria, o que te fundamenta pra fazer as coisas.
(Nelly Brito)

Para estes jovens, a arte da dança, que outrora enfatizava o produto artístico, assume o processo de criação como etapa primordial e determinante na atuação cênica, conforme sinalizado anteriormente. Na verdade há um redirecionamento do olhar para a dança que muito se deve ao entendimento do pensamento pós-moderno relativo às artes cênicas. Institui-se, portanto, um comprometimento maior com a criação, que adquire um caráter mais filosófico e responsável, capaz de resultar em um produto artístico mais significativo, tanto na dimensão estética quanto cultural.

Pauliceia Desvairada: o poema como instrumento para a criação em dança

Um outro aspecto também evidenciado como norteador do processo de criação do espetáculo *Metrópole* é o poder da palavra sobre o movimento. Caracteristicamente influente na construção de coreografias contemporâneas, a palavra, sobretudo a poesia, possui o dom de instigar o pesquisador do movimento que se permite arquitetar, de maneira abstraída, um formato visual a ela, não mais por intermédio da escrita convencional, mas por meio daquela produzida com o corpo.

Neste sentido, destaco em *Metrópole* a utilização dos poemas da obra *Pauliceia Desvairada*[18], tanto como instrumento para

---

[18] A obra é constituída de 23 poemas, de modo que 8 deles foram utilizados como instrumentos indutores do processo coreográfico. Já na encenação, a utilização dos mesmos, porém, se resumiu a trechos de somente três desses poemas. Além disso, foi incorporado ainda um outro poema de Mário que não pertence à *Pauliceia Desvairada*, mas que compartilha da mesma temática referente ao turbilhão da vida nas metrópoles e à condição humana cosmopolita. Trata-se do poema intitulado *Eu sou trezentos*, componente da obra *Remate de Males*. cf. Andrade, Mário de. *Poesias completas*. 6. ed. Belo Horizonte: Ed. Itatiaia, 1980.

o processo criativo quanto como elemento constituinte do produto artístico. Tendo sido um dos inauguradores do modernismo no Brasil, Mário de Andrade, em *Pauliceia Desvairada*, dá à escrita um tratamento cubista, sem continuidade lógica, o que me pareceu adequado à proposta de desenvolvimento coreográfico.

Na obra, um dos marcos da Semana de Arte Moderna na cidade de São Paulo, em 1922, percebe-se, à primeira vista, um misto de palavras sem sentido ou ligação entre si, no entanto, se bem observados, os versos dos poemas formam uma espécie de quebra-cabeça para o leitor. Ao montá-lo, esse leitor extrai informações diversas que traduzem o significado de uma metrópole. Em meu caso específico, a leitura dos poemas em questão propicia a materialização mental de imagens que induzem a constituição das imagens plurissignificantes propostas pela coreografia.

Como em uma espécie de colagem de palavras e ideias, Mário de Andrade se remete, por meio de uma linguagem alógica, ao tumulto da vida metropolitana e sua grandiosidade, independente de sua feiura ou beleza. O poeta se vale de uma forma desordenada para escrever, porém, apropriada para o seu conteúdo que, por se tratar dos elementos componentes de uma grande metrópole como São Paulo, é caótico. De acordo com o discurso de Harvey (2001, p. 54-5),

> *a linguagem textual opera através de nós que são desamarrados pelo leitor [...]. Dessa forma, Derrida* (pensador pós-estruturalista que iniciou o movimento do "desconstrucionismo") *considera a colagem/ montagem a modalidade primária do discurso pós-moderno (grifos meus).*

O fato é que a *Pauliceia Desvairada* de Mário é uma obra literária modernista. Nesse caso, como pode este escritor ter seus poemas classificados ou caracterizados segundo os preceitos dos pós-modernistas?

Na tentativa de elucidar a questão, retorno a Harvey (2001, p. 53) que destaca:

> *Enquanto os modernistas pressupunham uma relação rígida e identificável entre o que era dito (o significado ou "mensagem") e o modo como estava sendo dito (o significante ou "meio"), o pensamento pós-estruturalista os vê "separando-se e reunindo-se continuamente em nossas combinações".*

O autor explica ainda que

> *o modernismo dedicava-se muito à busca de futuros melhores, mesmo que a frustração perpétua desse alvo levasse à paranoia. Mas o pós-modernismo tipicamente descarta essa possibilidade ao concentrar-se nas circunstâncias esquizofrênicas induzidas pela fragmentação e por todas as instabilidades (inclusive linguísticas) que nos impedem até mesmo de representar coerentemente, para não falar de conceber estratégias para produzir, algum futuro radicalmente diferente. O modernismo, com efeito, não deixava de ter seus momentos esquizóides.*
> (Harvey, 2001, p. 57).

Nesta perspectiva, arrisco situar *Pauliceia Desvairada*, como o próprio nome sugere, um desses momentos esquizóides de seu autor. Por outro lado, vale afirmar que, como a maioria das obras do período modernista, esses poemas de Mário de Andrade caracterizam-se por abordar temas do cotidiano e por utilizar versos livres, sem a necessidade de construir rimas ricas e métricas perfeitas.

Berman argumenta que, no modernismo, o verdadeiro objetivo do artista consistia em rearticular atitudes ou situações reais em suas obras. No século XX é que esse olhar do artista realmente desponta e pode ser evidenciado, seja na

> *pintura cubista, na colagem e na montagem, no cinema, no fluxo de consciência do romance moderno, no verso livre de Eliot, Pound e Apollinaire, no futurismo, no vorticismo, no construtivismo, no dadaísmo, nos poemas que aceleram como automóveis, nas pinturas que explodem como bombas (1986, p. 141),*

tudo isso dando espaço para a abstração como artifício essencial à criação.

O modernismo no Brasil, contudo, sofreu influências diversas, de tal sorte que em *Pauliceia Desvairada* há um elemento que é fruto do movimento de vanguarda europeia, caracteristicamente considerado pós-moderno: o privilégio ao estético. O estético procura

> *exprimir uma verdade de caráter social, contestando as relações estabelecidas na sociedade, na medida em que toda absorção do material europeu pode ser amarrada a duas preocupações fundamentais do autor: o desejo de modernidade e a necessidade de*

> *participação nos destinos do mundo, sempre pensando na realização do homem [...]. Vê-se que, em Pauliceia Desvairada, começa a se estruturar o trabalho de digerir e transformar, visando à adequação, verdadeiro crivo crítico que seleciona, verificando a consciência de variadíssimas propostas das vanguardas europeias. O crivo faz com que o fator influência se torne uma nova perspectiva de criação: dinâmica, original, crítica, capaz, portanto, de não se afundar no magma de tantas solicitações modernistas.*
>
> (Lopez, 1996, p. 2)

Não pretendo lançar-me em uma análise estética dos poemas modernistas e pós-modernistas, porém, a partir do entendimento propiciado pela breve discussão anteriormente explanada, lembro que, no espetáculo *Metrópole*, também há uma espécie de crivo que privilegia o estético; a junção da estética com a ideologia, que é a minha própria concepção de uma metrópole. Há, portanto, uma junção entre forma e conteúdo. O ato de digerir e transformar os movimentos humanos e não humanos da metrópole é o próprio fazer artístico no processo criativo do espetáculo e assemelha-se ao fazer artístico dos poemas de Mário de Andrade. O crivo se estabelece no ato de coreografar, selecionando influências, imagens, movimentos e pensamentos gerados pelo poder da palavra.

Além disso, *Metrópole*, como nos poemas de Andrade, apresenta um processo coreográfico caracterizado pela aparente desorganização, o que também está presente nos grandes centros urbanos. A intenção coreográfica nesse espetáculo apresenta-se como a busca de uma tentativa de livre criação de movimentos. Uma composição, portanto, de gestos coreográficos livres, tal qual a composição em versos livres do poeta em sua obra, buscando uma forma adequada ao assunto abordado.

> *Os versos livres presentes nos poemas de Mário de Andrade são o estímulo maior para a experiência da livre criação na proposta coreográfica, a qual traduz em imagens insólitas, a instigante realidade do homem urbano contemporâneo.*[19]

A utilização da palavra como elemento indutor para o processo é tida por aqueles que constituem a Companhia Moderno de Dança, como impulso maior para a apropriação da obra e, certamente, das características referentes a cada personagem, como se observa nos trechos relacionados a seguir:

> *Em meus trabalhos, sempre tive a palavra como um forte indutor. Quando comecei a criar a primeira coreografia de* Metrópole, *senti um vazio enorme devido à ausência da palavra. Eu já conhecia superficialmente algumas coisas do Mário de Andrade, mas nem lembrava. Quando o Márcio Moreira, ator do espetáculo que dirigiu os laboratórios teatrais com os bailarinos, comentou comigo a respeito de Ode ao Burguês foi que eu liguei os fatos: São Paulo, a Semana de Arte Moderna etc. Imediatamente fui pesquisar para incorporar ao processo, só que eu acabei incorporando também ao produto, isto é, ao espetáculo.*[20]

---

[19] Programa do Espetáculo *Metrópole*. Redação e Organização: Ana Flávia Mendes. Impressão: Delta Gráfica e Editora: Belém, março, 2004.

[20] *Diálogos de Orientação* 3.

A partir dos poemas, a gente começa a entender o que a gente quer, solidificar o nosso campo psicológico para atuar bem. Surge aquela coisinha dentro da gente.

(Feliciano Marques)

Isso do movimento surgir da palavra é uma coisa que, ao mesmo tempo que deixa tudo mais consistente, dá margem pra vários entendimentos e também estimula a criação do movimento. Na verdade, às vezes, o movimento estimula a palavra e outras vezes a palavra estimula o movimento, dá uma ambiguidade pro individual do espectador e até mesmo para a pessoa que está fazendo. (Nelly Brito)

Aliás, essa experiência relacionada à poesia de Mário de Andrade resulta, inclusive, no desencadeamento de um processo de escrita poética por parte dos próprios bailarinos, que passam a construir, além da escrita corporal, mais próxima da sua realidade enquanto artistas da cena, poesias manuscritas que fazem referência às características de uma metrópole paradoxal e violenta, como observamos nos poemas de Nelly Brito, Feliciano Marques e Clareana Soares:

METRÓPOLE[21]
A cada metro
O metrô coberto mistura

---

[21] Poema de autoria de Feliciano Marques e Nelly Brito (bailarinos da Companhia Moderno de Dança), produzido durante o processo de criação do espetáculo, em atividade relacionada ao entendimento dos bailarinos acerca do conceito de metrópole.

O deserto e a multidão.
A feiura e a beleza
Os passos sem rumo
Envoltos num mar, num mundo
Do asfalto duro e sem fim.
A grandeza vertical reflete o caos organizado,
Mata a arquitetura emocional,
Encarcera o rústico presente no ser original.
A alma se esconde,
As máscaras se misturam
E os muros... Evoluem

INFERNO METAFÓRICO[22]

Criminalidade, a chama contundente.
Morte, mistura mesquinha, monstruosa, latente.
Balas, plumas de chumbo.
Singularidade do abstrato colocada em prática.

Mutilação da alma por pontiagudas palavras.
Gelo num olhar direcionado.
Disforme caos na asa da sedução.
Sente-se mais que desejo: medo!

Leve toque da suada mão.
Arrepio na espinha, frescor nos ouvidos,

---

[22] Poema de Clareana Soares, integrante do elenco do espetáculo, produzido após a estreia de *Metrópole* e publicado no livro de poesias do Colégio Moderno. *cf.* Colégio Moderno (2003, p. 112).

sangue na ponta da língua tinge dentes;
bocas preparadas e armadas para insignificantes respostas.

Ascensão inescrupulosa, imbecil motivação.
Verifico dor na inconstância luminosa e vulgar.
Bastardos, homens sem lei.
Sofrimento indefinido, sem explicação.

Vida ou inferno metafórico?
Sinestesias de uma realidade tocante,
no pleonasmo vicioso dessa repetição desnecessária:
acordar, respirar, viver!

Ainda no tocante à palavra, julgo relevante ressaltar sua utilização não apenas como indutora, mas também como elemento presente na encenação. Ela surge como uma espécie de costura, conduzindo as concepções ideológicas de cada cena. Os próprios intérpretes de *Metrópole* comentam:

> *A palavra vem muito como direcionadora do olhar e da atenção dos espectadores, principalmente para os leigos. O trabalho acaba agradando aos diversos tipos de público.*
> *(Feliciano Marques)*

> *Bem ou mal, a dança é algo mais complicado de se entender. A partir do momento em que o movimento se mistura com a palavra, eu*

acho que surge um signo bem mais claro no processo e no espetáculo. Ao mesmo tempo, ele ganha uma força diferente, já que joga com duas áreas da arte, o teatro e a dança. Juntam-se duas linguagens que acabam desembocando num trabalho que fica fantástico, a mistura da palavra com a dança e, mais exatamente, a dança executada com a palavra.
(Márcio Moreira)

Para o intérprete Márcio Moreira, a palavra é como a música. Ela funciona como trilha sonora para a movimentação coreográfica em determinados momentos. Nesse sentido, pode-se dizer que a palavra é som, um som com sentido e de profunda expressão simbólica. Originalmente, a palavra poética era cantada, como bem expressa a lenda de Orfeu[23]. No espetáculo, porém, mesmo falada e não cantada como na lenda à qual me referi, ela possui uma função musical para os movimentos corporais. Márcio, como intérprete, comenta:

O ponto final do espetáculo é onde tem mais a presença da palavra e a coreografia dentro da palavra. Eu recito, mas ninguém fica parado para depois dançar. Eu recito e eles dançam dentro da minha voz.
(Márcio Moreira)

Esse intérprete possui uma função muito particular no espetáculo, tendo em vista o fato de ser o emissor da palavra.

---

[23] De acordo com a lenda, Orfeu foi o primeiro poeta-cantor da Grécia Antiga, onde as poesias orais eram declamadas com acompanhamento musical, o que facilitava a memorização dos versos. Aos poetas-declamadores era dada a denominação de *aedos*. *cf.* Ribeiro Júnior (1997).

Trata-se de um ator que, conforme será explicado adiante, assume um papel essencial para o desenvolvimento da metrópole a qual me proponho encenar.

A concepção do espetáculo, portanto, é assumida primeiramente com base nas possibilidades oferecidas pelos princípios da pós-modernidade coreográfica. Contudo, há de se considerar que, enquanto primeiro espetáculo por mim dirigido neste formato que se aproxima da dança comumente tida como contemporânea, *Metrópole* caracteriza-se como um desafio de coreografar tentando descobrir formas alternativas para os corpos dançantes, sem negar esta ou aquela corrente da dança, mas buscando, por meio de um plano libertário, dançar pensando de uma maneira diferente. Reitero que, como *input* criativo para este fim, considero, além de outras referências muito relevantes, como é o caso do gesto cotidiano, enfoque de minha pesquisa de mestrado, a *Pauliceia Desvairada* de Mário de Andrade.

Concepção de narrativa e personagens

Construção e desconstrução: características de uma metrópole alinear

Como a palavra e a coreografia, encontra-se em *Metrópole* mais um aspecto influenciado pelos poemas "alógicos" de Mário de Andrade e pelo pensamento contemporâneo da dança. Trata-se da concepção da narrativa. Caracterizado como um espetáculo de enredo alinear, *Metrópole* apresenta momentos em que são presenciadas intenções de construção de uma história que, contudo, logo é desconstruída, dando vez a outras, de modo que o enredo traz quadros cênicos ligados, porém, sem a linearidade prevista por uma obra de balé clássico, por exemplo, ou seja, uma história contada com início, meio e fim.

Sobre este aspecto referente à evolução da narrativa nos espetáculos de dança, é possível observar nos estudos de história da dança que, a partir do surgimento da dança moderna, houve uma aproximação com as formas narrativas do teatro, de tal sorte que foram incorporadas às obras coreográficas, diversos elementos dramatúrgicos do teatro, especialmente em se tratando do enredo, geralmente encadeado, além da existência de uma grande preocupação com o conteúdo.

Com o despertar da dança pós-moderna, a partir de meados da década de 1940, como observa Silva (2000a), o movimento puro, isto é, sem preocupações com a dramaticidade, passou a ser privilegiado nas encenações de dança. Tal caracterização, por sua abertura, logo deu vez à liberdade e pluralidade, de modo que passaram a existir concepções diversas de narrativa na dança. Silva (1998), aponta três formas de narrativa para essas coreografias: encadeada, episódica e fragmentada.

A narrativa encadeada, como o próprio nome diz, apresenta uma lógica de princípio, meio e fim, por meio da qual é contada uma história. Há uma linearidade. A narrativa episódica pode ser evidenciada na dança-teatro de Pina Bausch, em que características como a repetição e a recorrência são o forte da encenação. Configura-se uma estrutura circular.

Em se tratando da narrativa fragmentada, ressalta-se que esta

> não progride para um fim específico, como nas narrativas encadeadas com enredo definido [...]. Não há, por exemplo, a apresentação formal das personagens, a instalação de um conflito e sua resolução numa sequência lógica, mas sim uma estrutura fragmentada, onde as personagens entram e saem várias vezes, recomeçando a ação e reafirmando o jogo social inerente às relações humanas.
>
> (Silva, 1998, p. 8)

Neste sentido, a narrativa do espetáculo *Metrópole* pode ser classificada como um jogo de ações fragmentadas, tendo em vista as características de sua concepção. Sobre esse jogo, adiante farei novas considerações. No momento, observo apenas que muitos são os aspectos que se assemelham com a estrutura fragmentada prevista pela autora anteriormente citada e explicada.

Assim, em *Metrópole* não há progressão para um fim específico, bem como não há a instalação de conflitos com resoluções em sequências encadeadas. Pelo contrário, os conflitos são lançados e suas resoluções podem acontecer ou não, já que o espetáculo não caminha em direção às mesmas.

O único personagem que parece caminhar através de uma estrutura encadeada é o do ator-intérprete[24], que possui uma história particular que evolui de maneira quase linear. Digo quase, pois a sensação que se apresenta é a de linearidade, mas mesmo esse personagem não possui uma sucessão lógica de acontecimentos, conforme será visto a seguir.

---

[24] Adiante traçarei maiores detalhamentos acerca desta denominação.

De um modo geral, entretanto, o roteiro de *Metrópole* não se apresenta com o intuito de proporcionar uma continuidade lógica entre as cenas. Aliás, ela até constrói, em determinados momentos, uma estrutura que parece propiciar tal logicidade, no entanto, essa estrutura logo é desconstruída a partir do surgimento de uma outra, o que faz com que o espetáculo retome sua linha narrativa fragmentada.

Pode-se dizer, portanto, que no todo do espetáculo há a presença de um misto de características das narrativas linear e fragmentada, sendo que ao longo desta análise será possível compreender com maior clareza a concepção desta narrativa que, assim como a estrutura coreográfica, isto é, a combinação de gestualidades dançadas, a estruturação dos personagens e a própria *Pauliceia Desvairada*, de Mário de Andrade, é a construção de uma ideia baseada na desconstrução dos elementos capazes de a materializarem. Uma desconstrução não no sentido estrito da palavra, mas no sentido de uma nova forma de construir que foge dos padrões lógicos para uma encenação.

A construção dos personagens: os bailarinos-intérpretes e o ator-intérprete

A noção de intérprete presente nesta reflexão diz respeito ao sentido de estar em cena, isto é, de executar a ação cênica. Sua função é de vivenciar uma sucessão de interpretações no intuito de construir seu repertório de atuação, materializando, assim, o que se entende como personagem da encenação.

É importante argumentar que as denominações aqui elencadas não possuem o mesmo significado da terminologia criada e utilizada por Rodrigues (1997), que aliás utiliza o termo bailarino-pesquisador-intérprete. A autora defende uma metodologia de construção corpo-mente de bailarinos por meio de um "processo que apresenta em seu eixo de ação uma visão do que seja a pessoa, na condição de bailarino, como pesquisadora de si mesma no confronto com determinadas realidades" (Rodrigues, 1997, p. 147).

A essência desta proposta consiste em relacionar as emoções experimentadas nas pesquisas de campo referentes às propostas coreográficas com a memória afetiva do próprio bailarino, que é o intérprete.

Ainda que em algumas etapas do processo de *Metrópole* tenham sido vivenciadas pesquisas de campo, dando aos intérpretes uma certa caracterização de pesquisadores, minha nomenclatura opta por omitir o termo pesquisador, tendo em vista que a metodologia proposta por Rodrigues não foi por mim estudada para este fim e, por isso, sua aplicação não foi verificada no referido processo coreográfico.

Em *Metrópole*, então, classifico duas categorias de intérpretes: os bailarinos-intérpretes e o ator-intérprete, cada qual com suas funções bem delimitadas. Os bailarinos[25] operam com as situações de forma e conteúdo referentes ao espetáculo por

---

[25] O uso do termo bailarino não pretende restringir ou enquadrar os intérpretes na categoria do balé ou qualquer outra. Optei por utilizá-lo em seu sentido genérico, como o de dançarino. A palavra, desse modo, possui o sentido daquele que baila e bailar, por sua vez, é o mesmo que dançar. cf. Houaiss, Antônio; Villar, Mauro de Salles. *Dicionário da língua portuguesa*. Rio de janeiro: Objetiva, 2001.

meio de um processo que prioriza a pesquisa do gestual, enfatizado o que, em dança, se conhece como coreografia. O ator, por sua vez, associa elementos técnicos do teatro à construção de suas ações, interferindo nas cenas com uma estética diferenciada àquela proposta pela coreografia, porém, complementar à poética do espetáculo.

O ator traz o elemento corporal voz, fortemente incorporado às suas ações, recitando trechos selecionados dos poemas de Mário de Andrade. Saliento que este ator, ainda que pratique aulas de dança, não se incorpora às coreografias com o caráter de bailarino. Sua interação se dá exclusivamente como ator e a própria concepção de seu personagem é particularmente diferente daquela dos bailarinos.

Neste sentido, as duas linguagens artísticas não chegam a se confundir, mesmo que suas fronteiras sejam bem tênues. Em determinados momentos o ator interage corporalmente com os bailarinos, como se fosse um deles. Em outros, os bailarinos, pela forma como integram a cena, parecem ser atores.

A esses bailarinos cabe construir o movimento tendo como ponto de partida as motivações diversas existentes nas metrópoles, porém, encontrando subsídios, de um modo geral, nos transeuntes que, em primeira instância, parecem iguais. Aliás, nos momentos iniciais do espetáculo, verifica-se a presença de corpos múltiplos cujas individualidades não são facilmente detectáveis *a priori*. O que neles prevalecem não são as diferenças em si mesmas, mas as diferenças tornadas semelhanças numa paradoxal unidade coletiva.

O ator-intérprete, por outro lado, possui uma peculiaridade que o torna bem diferente dos demais, especialmente pelas evidentes transformações de personalidade pelas quais passeia na concepção de sua atuação. Analisando as reflexões relatadas nos *Diálogos de Orientação*, observo que seu personagem se configura como alguém mais "puro", que chega à metrópole e se contamina ao longo do encontro com a cidade, absorvendo, aos poucos, suas informações e adquirindo novas características. É, portanto, um processo de transformação de personalidade que se desenvolve no decorrer do espetáculo com uma certa pretensão de linearidade.

Nesta perspectiva, a relação entre os personagens dos bailarinos e do ator não apresenta exatamente uma troca de experiências entre ambos, mas uma espécie de transmissão de influências de forma quase unilateral. Personagens de bailarinos influenciam no comportamento do personagem do ator; no entanto, o processo inverso raramente é observado. Ainda que seja inegável que essa relação de troca se estabeleça, a ênfase dada pelo espetáculo prioriza a "contaminação" do personagem vivido pelo ator. Aos olhos da multidão, este indivíduo passa quase desapercebido, tamanha a indiferença com a qual é tratado. Essa relação se processa de modo semelhante ao episódio narrado por Edgar Allan Poe em *O homem da multidão*[26].

---

[26] Em seu texto, Poe trouxe à tona a discussão sobre as sociedades de massa. Seu personagem se apresenta rodeado de pessoas, porém, está sozinho em meio à massa que age como multidão. "Nos grandes centros, as pessoas estão isoladas, atomizadas [...]. É a multidão solitária". Sobre isto *cf.* Oliveira (2003. p. 5). O conto na íntegra pode ser visto em Poe, Edgar Allan. *O homem da multidão*. Disponível em: <http://www.modernidade.hpg.ig.com.br/multidao.htm>. Acesso em: 12.jan.2004.

Essa multidão à qual me refiro diz respeito à concentração de pessoas circulantes em uma cidade. Seu sentido abrange a presença de diversas individualidades em uma só coletividade, isto é, aquilo que os estudos das sociedades contemporâneas apontam como a maneira irracional e isolada com que as pessoas circulam pelas ruas, compondo uma proximidade física entre os homens que é, na verdade, algo que estabelece um distanciamento psicológico ou emocional.

Sobre esse distanciamento, Ianni (2001, p. 24), partindo da ideia da presença da mídia como meio de vinculação entre os indivíduos, argumenta que, "em escala crescente e mundial, a mídia transforma-se em um poderoso e ubíquo 'príncipe eletrônico', diante do qual indivíduos e coletividades, massas e multidões transformam-se em uma vasta 'multidão solitária'". Para Ianni, o pensamento humano é coletivo e próximo em função do poder que a mídia exerce sobre as pessoas, ainda que, de fato, elas estejam distantes.

Particularmente, acredito que na rotina de uma metrópole, independentemente da influência da mídia à qual Ianni faz referência, a proximidade física da multidão caminhante contrapõe-se ao distanciamento emocional e psicológico das pessoas que a constituem. Em minha concepção, essa é a maneira como a noção da multidão solitária é evidenciada no espetáculo *Metrópole*. As relações que os bailarinos-intérpretes propõem resultam em personagens que se encontram, ao mesmo tempo, muito próximos e muito distantes entre si, assim como distantes estão do personagem do ator.

Aliás, este último, enquanto homem da multidão, torna múltipla sua personalidade a partir da absorção de novos conceitos e comportamentos. No capítulo subsequente a este tratarei com maior ênfase a questão da multiplicidade da identidade corporal e, por consequência, o processo de transformação evidenciado por esse personagem. De qualquer maneira, o ator não é apenas um narrador ou declamador de poemas. Ele dá vida à palavra, mas de forma contextualizada com os demais personagens e com o próprio espetáculo.

Com base nesse ponto de vista, ressalto que os processos de construção dos personagens caracterizam-se por alguns momentos comuns às duas categorias de intérpretes, e por outros, bastante particulares. Nesse sentido, tendo em vista o fato de, enquanto diretora artística, não dominar técnicas teatrais e vocais, recorri à ajuda do próprio ator-intérprete nos laboratórios de criação.

Para falar nesses laboratórios, contudo, faz-se necessário um exercício de memória das etapas de criação do espetáculo, o qual surge embasado na classificação dos estágios do processo de criação em arte, proposto por Read e explicado por Loureiro (2002), assim como se vale das observações extraídas a partir do questionário proposto por Pavis (2005) que, como explicado na introdução, possui uma função de roteiro direcionador e rememorativo do espetáculo em análise.

O primeiro estágio é o de predisposição à criação, em que, conforme Loureiro (2002, p. 36), há um "estado de prontidão ou consciência, talvez um senso de disponibilidade momentânea dos níveis inconscientes da mente", uma espécie de estar apto a receber *insights* criativos. Já o segundo estágio tem como característica as primeiras ideias a serem expressas, geralmente em forma mentalmente visível.

Em se tratando da construção de personagens em *Metrópole*, pode-se considerar esta etapa tanto no que se refere à posição de criadora, da aqui autora, quanto ao próprio pensamento particular de cada intérprete acerca do que vem a ser uma metrópole, e de que maneira se comportam os sujeitos desta. Por tratar-se de dança, considero esta etapa como a primeira forma a partir da qual esses intérpretes são capazes de criar, imaginariamente, os sujeitos de uma grande cidade.

O terceiro estágio tem por finalidade selecionar imagens e introduzi-las nas primeiras práticas laboratoriais. O que há de diferente entre estes primeiros estágios, no entanto, é a questão prática da coisa, isto é, enquanto os dois primeiros, mais especificamente o segundo, buscam representar de forma apenas mental, o terceiro caracteriza-se por apresentar aplicações práticas dessa representação, procurando dar corpo à criação e, no caso dos criadores envolvidos, ao personagem. Há uma atitude intencional que ilustra justamente os primeiros passos para a concepção do personagem.

A etapa seguinte do processo defendido por Read e explicado por Loureiro (2002) é a busca de um método por meio do qual possa ser representado o símbolo. Há aqui toda uma especificidade artística, isto é, toda a necessidade de conhecimento particular das maneiras pelas quais o que fora imaginado e "testado" nas etapas anteriores pode ser simbolicamente, ou seja, artisticamente, representado.

A última etapa é a materialização da obra, "o processo técnico afetivo de traduzir a percepção mental em forma objetiva" (Loureiro, 2002, p. 36), porém, sempre passível de modificações. É a etapa de passagem do concreto ao abstrato da arte. No caso da análise à qual me proponho, esta é a etapa evidenciada como a mais significativa, tendo em vista que é nela que se constata a chamada transfiguração artística da gestualidade urbana cotidiana. Nessa etapa faz-se o uso, dentre outros elementos imaginados e/ou pesquisados, das técnicas mais adequadas às necessidades da obra.

Pode-se dizer que estas etapas do espetáculo *Metrópole* voltaram-se, dentre outras necessidades, para a construção da personalidade de cada um para a cena da dança. Nesse sentido, serviram como indutores características específicas observadas nos indivíduos comuns da sociedade, além das ideias particulares de comportamento dos homens metropolitanos, inerentes à imaginação e experiência de vida dos intérpretes.

No caso dos bailarinos-intérpretes, a partir do entendimento e do conhecimento das características comportamentais destes personagens, foi possível dar início a um processo particular de criação, assumindo assim, peculiaridades de uma personalidade humana.

Como atividade inicial, cada um dos intérpretes saiu à busca de informações corporais, isto é, de gestualidades e comportamentos humanos nas suas atitudes cotidianas. Essas imagens foram selecionadas pelos bailarinos e, algumas delas, posteriormente incorporadas à coreografia.

Em seguida, observei a necessidade de realizar exercícios laboratoriais mais direcionados, com a finalidade de dar mais propriedade ao espetáculo. Nessa perspectiva, a proposta de atividade foi um jogo teatral em que diversos sentimentos eram aflorados a partir de gestos e palavras simbólicas.

Primeiramente, os intérpretes andavam por toda a sala, com as luzes apagadas e, ao sinal do diretor, formavam duplas e davam início ao jogo de sentimentos. O primeiro sentimento explorado foi o ódio, por configurar-se como exemplo da dureza e frieza que predominam nas grandes cidades.

Figura 1 – Sentimentos I

(Foto: Ana Flávia Mendes)

O sentimento de ódio trabalhado a partir da pesquisa de gestualidades a ele referentes.

Na sequência, o sentimento explorado foi o amor, como forma de contraste imediatamente oposto ao sentimento inicial de ódio e com o intuito de trabalhar duas emoções humanas bastante antagônicas e presentes no cotidiano. Assim, foi trabalhado não apenas o amor na sua manifestação carnal, mas o amor fraternal, que brota de alma para alma.

Em seguida, uma série de sentimentos como desprezo, dúvida e tristeza, dentre outros, foi explorada, de modo que os intérpretes, a cada comando, buscassem pesquisar em si mesmos, gestualidades que fizessem referência a esses sentimentos, aguçando, para tal, suas próprias matérias biográficas, conforme ilustram as imagens a seguir.

Figura 2 – Sentimentos II

(Foto: Ana Flávia Mendes)

Enquanto sentimento em foco para a realização do exercício, o amor passa a ser expresso por meio de olhares e gestos.

Figura 3 – Sentimentos III

Provocação e esnobação em foco na pesquisa de movimentos.

Figura 4 – Sentimentos IV

Uma versão gestual do sentimento de desejo carnal.

Figura 5 – Sentimentos V

Escolha: a dúvida personificada pela bailarina durante o processo de criação gestual.

No exercício subsequente, foi enfatizada a questão da desconstrução dos movimentos comuns ao cotidiano, a partir das possibilidades corporais de cada um. Foi utilizada, como indutora para esta atividade, a figura do mendigo, um "personagem" da cidade que vaga pelas ruas entregue à própria sorte e que experimenta, em seu cotidiano, aspectos humanos e desumanizantes e, portanto, próximos das concepções de construção e desconstrução de movimentos corporais.

Diversos segmentos corporais foram trabalhados, de modo que os bailarinos vivenciassem formas disformes de se dançar. Na proposta do exercício, eles poderiam dançar utilizando apenas alguma ou algumas partes do corpo, sem que as demais, isto é, aquelas não solicitadas pelo comando, se mexessem.

Figura 6 – Laboratório de desconstrução de movimentos I

(Foto: Ana Flávia Mendes)

Figura 7 – Laboratório de desconstrução de movimentos II

(Foto: Ana Flávia Mendes)

No exercício, eram partes dançantes do corpo apenas um dos braços, ou um único dedo da mão, ou simplesmente a cabeça, enfim, cada segmento de uma vez.

Posteriormente foi proposta uma atividade em que cada intérprete, incluindo o ator, recebia um pequeno pedaço de papel contendo um codinome e algumas informações acerca da personalidade a qual deveria assumir. Nesse momento, o caráter imaginativo de cada intérprete falava mais alto. Cada um deveria se concentrar naquelas informações e delas extrair o máximo de gestualidades possíveis.

Figura 8 – Trabalho individual de construção de personagens I

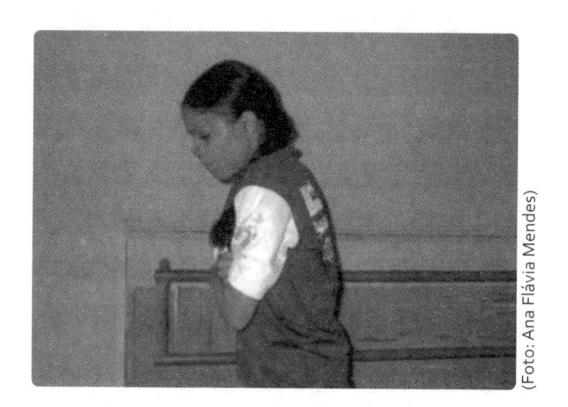

(Foto: Ana Flávia Mendes)

A tonalidade melancólica do corpo.

Figura 9 – Trabalho individual de construção de personagens II

(Foto: Ana Flávia Mendes)

Um instante de superioridade na pesquisa gestual.

Figura 10 – Trabalho individual de construção de personagens III

(Foto: Ana Flávia Mendes)

O personagem do ator-intérprete: dúvida e questionamento acerca de si em meio à metrópole.

Figura 11 – Trabalho individual de construção de personagens IV

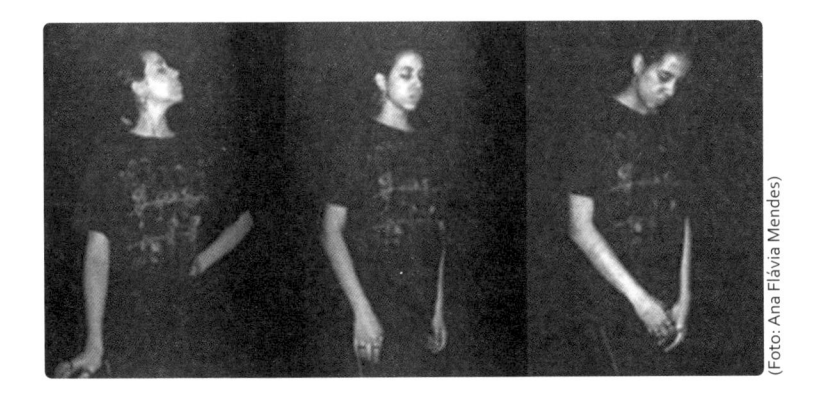

(Foto: Ana Flávia Mendes)

Experimentando diversas expressões na concepção de um personagem.

Figura 12 – Trabalho individual de construção de personagens V

(Foto: Ana Flávia Mendes)

O "isto" ou "aquilo" em foco na pesquisa corporal do bailarino.

Nesta etapa do processo, ilustrada a partir das imagens apresentadas, os intérpretes realizavam uma demonstração dos gestos que haviam pesquisado para que os demais exercitassem as múltiplas possibilidades de compreensão acerca daquilo que estava sendo interpretado.

É importante ressaltar que as etapas aqui narradas constituem apenas uma pequena parcela do processo de criação como um todo. Os exercícios aqui descritos, assim como outros não apresentados neste estudo, foram executados diversas vezes, de modo que, a cada passo, eram descobertas novas possibilidades, além de, paralelamente, terem sido realizados constantes debates sobre o tema, bem como produção escrita de textos por parte dos intérpretes e uma busca intensa pela compreensão do contexto humano retratado pelo espetáculo. Associadas a todas as informações adquiridas, os intérpretes propuseram-se ainda a realizar uma observação diária como forma de exercício paralelo de construção de personagens e solidificação do trabalho.

Um exemplo significativo disso encontra-se destacado no trecho da seguinte entrevista:

> *Bom, a gente vai falar sobre o quê? Cotidiano. Então eu vou sair do ensaio e vou começar a observar as pessoas na rua e ver como elas se comportam. Esse foi o meu trabalho pessoal, observar como é que aquele cara da esquina coça o nariz, como é que aquela mulher abre o jornal pra ler e aquele cara do banco da praça, como é que ele cruza a perna?*
> *(Márcio Moreira)*

Deste modo, observar as pessoas em seu *habitat*, agindo naturalmente, passa a ser um dos enfoques para a constituição da coreografia. A observação do cotidiano deixa de ser um simples olhar e passa a ser um olhar direcionado para a criação cênica. Passa-se a olhar coreograficamente o mundo. Não se trata do mundo como arte, mas da arte como mundo, isto é, a transcrição artística do mundo. Pode-se dizer que se trata de uma pesquisa de materiais, isto é, de movimentos que sirvam de matéria-prima para a criação do gesto artístico na dança.

O objetivo desse processo, por fim, era dar aos intérpretes a maior quantidade de recursos possíveis para a encenação, de modo que nesta foi possível não somente disponibilizá-los para as atitudes comportamentais de um modo geral, como também para os laboratórios de improvisação e para a execução da coreografia do espetáculo, que passou a incorporar tudo o que fora exercitado em termos de material relativo a personagens. O ator, por outro lado, não apenas utilizou todos esses recursos, mas, principalmente, apresentou um processo evolutivo de amadurecimento do personagem, tornando possível a personificação daquele que, de acordo com as concepções do processo criativo, se propunha a ser o eixo central do espetáculo.

Outras concepções cênicas

Em *Metrópole*, todos os elementos cênicos são concebidos com o objetivo de transfigurar principalmente o ambiente caótico e o ângulo degradante dos grandes centros urbanos, onde as pessoas são vítimas da implacável atrocidade que cerca o dia a dia.

A cenografia do espetáculo é composta por uma estrutura de andaimes de ferro e pneus espalhados por entre os ferros, cones utilizados em situações específicas das sinalizações de trânsito e, em torno de tudo isso, alguns adereços que são utilizados ao longo do espetáculo e fazem referência estereotipada à classe social burguesa (sapatos de salto alto, bolsas, óculos escuros, sobretudos etc.), visibilizada e criticada no poema *Ode ao Burguês*, de Mário de Andrade. A combinação entre esses elementos resulta num cenário frio e caótico, porém, com um toque de refinamento muito próximo ao que poderia se chamar de cafona.

As cores predominantes no cenário são o cinza e o preto, sendo que o forte colorido dos adereços burgueses quebra a monotonia e a impressão de absoluto caos propiciada pela escuridão desse cenário. A cor dos figurinos dos intérpretes também dá uma conotação sombria ao ambiente cênico, já que o cinza, configurando entre outras coisas a fumaça das descargas dos veículos automotivos e as próprias estruturas de concreto dos prédios urbanos, predomina nesses figurinos.

O permanente crescimento vertical evidenciado nas grandes cidades é convertido em andaimes, enquanto os pneus, objetos que prevalecem nas ruas, apresentam em sua forma circular os próprios ciclos de idas e vindas que caracterizam as cidades.

Gláucio Sapucahy[27], diretor executivo da Companhia Moderno de Dança que colaborou com a concepção de vários elementos cênicos, argumenta que cada objeto do cenário possui, para ele, um significado peculiar. Em entrevista para esta pesquisa, o diretor comenta:

> *Na imagem do nosso cenário podem ser identificados os pneus e os andaimes. Em minha concepção, o andaime refere-se à construção da metrópole para cima, das armações de concreto. O pneu, além de ser a roda, uma das maiores e mais significativas invenções, é a necessidade do ser humano que está na metrópole de ter a sua*

---

[27] Gláucio Sapucahy é coordenador do Departamento de Educação Física do Colégio Moderno e atua como diretor executivo da Companhia Moderno de Dança, realizando trabalho voluntário como responsável por toda a parte burocrática da companhia, bem como dirigindo a equipe cenotécnica dos espetáculos. Sua entrevista para esta pesquisa foi concedida em 19/12/03.

independência ao nível da tecnologia. Eu acho que uma das coisas que mais mudou o ser humano foi a presença dos automóveis, que geraram independência, aumentaram a autoestima e a comodidade das pessoas. Eles mudaram tudo e são produtos das metrópoles. A meu ver, tudo isso está no espetáculo.

(Gláucio Sapucahy)

O palco do teatro pode ser italiano ou não. Experiências de encenação em diferentes espaços demonstram que, em *Metrópole*, a utilização tridimensional do espaço é predominante. Em palco italiano, o uso aberto do espaço cênico, isto é, com as coxias suspensas e a estrutura do teatro à mostra, favorece esta tridimensionalidade. Ao longo da encenação o espaço vai ganhando elementos diferenciados, artifício que busca transfigurar o crescimento desordenado das metrópoles.

A iluminação, como o todo generalizado do espetáculo, traz a ideia do caos e da frieza. Sua tonalidade dominante é o branco, que basicamente traduz um ambiente impessoal, frio, veloz, caótico e similar à velocidade dos faróis de automóveis que passam pelas ruas nas grandes cidades.

Também no que se refere à iluminação, Gláucio Sapucahy explica a relação entre o seu olhar artístico e a execução prática do jogo que cria o ambiente previsto pela concepção coreográfica.

O técnico de luz nem sempre consegue sentir o que o espetáculo pede em nível de luz, de modo que o meu papel, juntamente com o criador da nossa iluminação, foi exatamente pensar nessas imagens. Uma das coisas que eu acho importante é o plano dos elementos do cenário, isto é, mais especificamente dos andaimes. É como se existissem dois pontos de luz: o palco, isto é, o espaço propriamente dito da dança e os andaimes. E as coisas que acontecem nos andaimes devem ser valorizadas.

(Gláucio Sapucahy)

Já em se tratando dos temas musicais do espetáculo, há de se levar em consideração a concepção caótica de uma metrópole, sem desconsiderar o aspecto da diversidade de informações que constitui ambientes dessa natureza. Nesse sentido, além das associações entre palavra e movimento, conforme abordado anteriormente, há também a ilustração das ambiguidades propiciadas pela multirreferencialidade das cidades, ou seja, a própria diversidade de informações as quais me referi.

Assim, a princípio, houve a ideia de trabalhar as coreografias com base em uma trilha sonora predominantemente eletrônica, tendo em vista a representação do movimento das cidades. Essa proposta, contudo, logo foi substituída pela combinação entre a música clássica, assim denominada em seu sentido genérico, e a coreografia contemporânea, o que resultou em uma forma de tratamento à temática urbana condizente com o caótico e o multirreferencial das cidades.

Desse modo, *As Quatro Estações* de Vivaldi passaram a ser utilizadas como trilha para as montagens coreográficas. Por meio da audição de cada tema (primavera, verão, outono e inverno) era possível lembrar o ciclo das estações do ano fazendo referência ao ciclo de vida nas urbes, além de encontrar um clima adequado aos movimentos propostos. A música de

Vivaldi, por apresentar constantes variações de ritmo e intensidade, possibilitou a concepção de um ambiente ao mesmo tempo denso, lento, leve e veloz, simbolizando sentimentos como tristeza, alegria, melancolia, ironia, enfim, situações referentes à temática do espetáculo em diferentes níveis.

Além das músicas de Vivaldi, foram criadas três montagens sonoras, pode-se dizer na forma de músicas não convencionais. A primeira delas, composta de uma mistura de sons que fazem referência à tecnologia eletrônica (computador, *internet, videogame* etc.), foi utilizada para a cena *Dicotomia*. A segunda, uma mistura de sons de *flashes* fotográficos, foi utilizada na cena *Burguesia* e a terceira e última, composta por várias vozes em diversas línguas, retiradas de filmes em DVD com diferentes idiomas, serviu de trilha para o solo *Multilíngua, multicorpo*.

A concepção destes elementos cênicos, mais que ilustrar o ambiente de uma grande cidade, vem complementar a concepção coreográfica, que procura transfigurar, por intermédio da criação de uma metrópole imaginária, as relações humanas entre indivíduos pertencentes a uma metrópole real; indivíduos fisicamente muito próximos, porém, emocionalmente, cada vez mais distantes.

2. A IMPORTÂNCIA DO GESTO COTIDIANO URBANO PARA A CONCEPÇÃO E CRIAÇÃO DO ESPETÁCULO *METRÓPOLE*

> *A dança é transparência mais leve do que ar.*
> *Porque o lugar da dança está no ser que dança.*
> *Persona e personagem.*
> *O corpo feito linguagem.*
> J.J.P.L.

Aliadas às possibilidades da dança contemporânea apresentadas no capítulo anterior, as observações e pesquisas acerca do gesto cotidiano urbano constituíram os primeiros passos para a prática de composição do espetáculo *Metrópole*, razão pela qual julgo necessário fazer uma abordagem específica para a origem e as características desses gestos dentro de um capítulo em particular.

A abordagem em questão traz a ideia do gesto cotidiano do homem urbano como resultante daquilo que denomino, de forma autônoma, de "impregnação cultural"[28], sendo em

---

[28] Este conceito, criado por mim e fundamentado nas concepções de outros autores, será explicado de forma minuciosa no decorrer deste capítulo.

parte constituída por um enfoque antropológico, porém, sem configurar-se como uma análise antropológica. Esse enfoque vem apenas ressaltar o pensamento que admite ser o corpo cultural um corpo prático que executa o gesto cotidiano, isto é, um corpo impregnado.

Assim, tomando-se por base a compreensão do gesto como algo que brota do corpo impregnado de cultura, procurei verificar sua implicação nas práticas de dança de um modo geral e, especificamente, na prática de *Metrópole*. Esse corpo, na condição de sede da dança, conforme previsto na epígrafe acima, deixa transparecer sua essência tanto no que se refere à vida quanto à arte, porém, sempre constituído de inúmeras informações reveladoras de si mesmo.

Entendendo O Homem Como Resultado De Um Processo De Impregnação Cultural

Considero que a cultura engloba tudo aquilo que se refere ao conhecimento humano de um modo geral, além de ser algo que, influenciado pelo próprio homem, encontra-se em constante processo de mutação. Desse modo, torna-se impossível dissociar a cultura do homem que, na verdade, é não apenas seu criador, mas também sua criatura.

Esse pensamento demonstra a compreensão da cultura não apenas como os traços característicos de um povo e sim, como um sistema que é criado e recriado pelo próprio homem, de modo que sua característica mais marcante é seu caráter de constante mutabilidade. Não se deve olhar a cultura, portanto, apenas como algo estabelecido, pois, apesar de retratar a ideia da tradição de um povo, ela não é estanque e esse próprio povo, por ela criado, a transforma e redimensiona, gerando novos caracteres. Há mútua implicação vivencial e evolutiva entre os homens e a cultura por eles originada.

Nesta perspectiva, Geertz (1989) admite ser a cultura um conjunto de elementos criados pelo próprio homem em sociedade, aos quais é necessário adequar-se. Esse conjunto de elementos, denominado por ele de "sistema cultural" (p.9), é tido como um ciclo que se instaura no homem e é por este instaurado na sociedade.

A opinião do autor referido é de que os costumes de um grupo são, de fato, criados por esse próprio grupo, funcionando como padrões, como regras sociais as quais é necessário adaptar-se. Sua ideia é de que a cultura, criada pelo próprio homem, determina aquilo que o homem é, ou aquilo em que ele se torna. Em seu conceito, diz o autor: "o homem é um animal amarrado a teias de significados que ele mesmo teceu, assumo a cultura como sendo essas teias e sua análise" (1989, p. 4). Essa ideia enfatiza o caráter determinativo e autoimplicativo que o homem exerce sobre a cultura.

Diante das argumentações observadas e com base na compreensão de que "desde tempos remotos" o conceito de cultura vem sendo ligado aos estudos da Antropologia e, portanto, do homem, entendo ser possível, por meio do estudo do surgimento desses conceitos, observar entre ambos uma forte relação de interdependência, a qual diz respeito não apenas ao percurso homem-cultura-homem (ou cultura-homem-cultura) nos dias de hoje, mas sim desde o surgimento de ambos.

Esta proposta da relação de interdependência é tão evidente que implica uma questão: qual dos dois teria surgido primeiro? O surgimento do homem não antecede o surgimento da cultura, mas "a cultura, em vez de ser acrescentada, por assim dizer, a um animal acabado ou virtualmente acabado, foi um ingrediente, e um ingrediente essencial, na produção desse mesmo animal" (Geertz, 1989, p. 34), contribuindo com seu surgimento e desenvolvimento.

Tomando-se por base as concepções de Geertz, é possível localizar a cultura como resultado de um desenvolvimento humano simultâneo entre aspectos orgânicos e outros relacionados ao surgimento de um sistema de atuações comportamentais dos seres primitivos, caracteres esses que seriam, na verdade, os seus primeiros indícios.

O homem, biologicamente falando, e o homem cultural, desenvolvem-se simultaneamente. A evolução cultural acompanha a evolução cerebral, ou seja, ao passo que o cérebro primitivo desenvolvia-se, aumentava a capacidade de apreensão e criação de maneiras de agir e atuar, legitimadas como regras de comportamento social inerentes aos hábitos do australopiteco, ser primitivo que antecedeu o homem.

À medida que a cultura, num passo a passo infinitesimal, acumulou-se e se desenvolveu, foi concedida uma vantagem seletiva àqueles indivíduos da população mais capazes de levar vantagem – o caçador mais capaz, o colhedor mais persistente, o melhor ferramenteiro, o líder de mais recursos – até que o que havia sido australopiteco proto-humano, de cérebro pequeno, tornou-se o

"homo sapiens", de cérebro grande, totalmente humano.
(Geertz, 1989, p. 35)

É relevante ressaltar que as mudanças mais significativas do desenvolvimento humano processaram-se no sistema nervoso central. Por esse motivo é que, através da organização nervosa, são evidenciadas as principais diferenças anatômicas e culturais entre o homem e o australopiteco.

Entendo, portanto, que a cultura consiste em um conjunto de padrões aos quais o ser humano se adapta e, assim como se estabeleceu a relação cultural com os povos primitivos, vem sendo estabelecida com o homem, ao longo de todo o seu trajeto histórico, uma relação semelhante. Ao criarem regras e novas maneiras de sobrevivência, os homens impõem a si próprios a necessidade de a elas se adaptarem.

Na verdade, encontramo-nos diante de um ciclo em que o conjunto de padrões aos quais me refiro seria, nada mais, nada menos, que um sistema de símbolos e significados, algo cuja compreensão requer o entendimento da própria condição humana, essência da cultura. Nesse sentido, cada cultura, com todas as suas peculiaridades, concede ao homem uma determinada maneira de visualizar o mundo, sendo que o ato de ver o mundo está diretamente ligado à questão da condição humana, rica e diversa a depender da própria experiência cultural.

À referida experiência pode-se emprestar o termo endoculturação, conforme defende Geertz (1989), ou ainda, o termo *"imprinting cultural"* que, utilizado por Morin (2001, p. 29), traduz a ideia de incorporação dos determinismos culturais. Segundo esse autor, o *imprinting* foi primeiramente proposto por um outro teórico chamado Konrad Lorentz, com o intuito de investigar as marcas deixadas pelas experiências pioneiras vivenciadas pelos animais. Como exemplo, cita "o passarinho que, ao sair do ovo, segue como se fosse sua mãe, o primeiro ser vivo ao seu alcance". Morin lança mão do conceito criado por Lorentz para a compreensão dos sucessivos acontecimentos que delimitam o arcabouço cultural do homem.

Seguindo essa linha de raciocínio, situo paralelamente às ideias de Geertz (1989) e Morin (2001), o conceito de "trajeto antropológico" proposto por Durand. Trata-se da "incessante troca que existe em nível imaginário entre as pulsações subjetivas e assimiladoras e as intimações objetivas que emanam do meio cósmico e social" (2002, p. 41). Em outras palavras, todos os aspectos da vida (biológicos e socioculturais) que permeiam o homem e constituem-no nos níveis físico, psicológico e comportamental.

Vale notar que o trajeto antropológico de Durand (2002) prima pela questão do imaginário de um grupo valorizando a importância cultural determinante que parte desse mundo imaginal, o que, de certa forma, assemelha-se às concepções de Geertz (1989), que admite a possibilidade de seu sistema cultural ser observado em diversas instâncias comportamentais, originando-se, porém, como um fenômeno psicológico que faz parte de um universo imaginativo, apresentando uma identificação que se dá por meio de símbolos.

Morin (2001) enfatiza, por outro lado, a questão da adequação social, em concordância com a concepção de adaptação ao chamado sistema cultural proposto por

Geertz (1989). O conceito de *imprinting* cultural surge, entretanto, acompanhado do termo normalização, que seria uma espécie de freio social para os desvios de comportamento. Tanto um quanto o outro determinam o comportamento humano, assim como são por ele determinados.

Neste sentido, Morin (2001, p. 31) fala: "uma cultura produz modos de conhecimento entre os homens dessa cultura, os quais, através do seu modo de conhecimento, reproduzem a cultura que produz esses modos de conhecimento". Trata-se de um ciclo que, para Edgar Morin, compreende o conhecimento, representando o próprio homem, e a cultura, na qual um está na dependência do outro, tanto em relação à sua gênese quanto ao seu desenvolvimento.

Assim, a cultura pode ser considerada originalmente antropológica e seu desenvolvimento, por sua vez, indissociável do desenvolvimento humano. "Sem os homens certamente não haveria cultura, mas, de forma semelhante e muito significativamente, sem cultura não haveria homens" (Geertz, 1989, p. 36). Admito a cultura, por conseguinte, como o conjunto das características mais elementares de um grupo social, características essas que são decorrentes de um sistema de adaptação criado pelo próprio homem, que também é o responsável pelas modificações e ressignificações desses sistemas adaptativos, evidenciando, assim, a chamada relação de interdependência anteriormente observada.

Operacionalizando e redimensionando de forma autônoma os conceitos de endoculturação, trajeto antropológico e *imprinting* cultural, estabelecidos por Geertz, Durand e Morin respectivamente, proponho aqui a utilização do conceito impregnação cultural, admitindo todos os determinismos culturais situados nos níveis psicológico, imaginário, comportamental, entre outros. Priorizo, contudo, por meio desta proposta, esses determinismos simbolicamente visíveis no comportamento corporal, acreditando que os sistemas culturais imprimem caracteres corporais em um indivíduo e vice-versa, seja por necessidade de adequação ao ambiente ou pela imitação ou aprendizado, como constatam também outros autores a serem estudados a seguir.

De acordo com a estratégia dos *Diálogos de Orientação*, vigente no processo metodológico da pesquisa acadêmica que cerceia este livro, reforço a importância da compreensão do conceito em questão, com base nas seguintes concepções:

> *A impregnação cultural é o processo de apreensão de informações exteriores ao corpo do indivíduo, isto é, características não biológicas, mas sim culturais, do meio no qual aquele indivíduo está inserido. Na verdade, esse conceito tem por finalidade enfatizar o corpo enquanto hospedeiro dessas informações culturais [...]. Esta conceituação foi concebida para explicar melhor a ideia de que o corpo carrega consigo não apenas aspectos genéticos, ou seja, ele não é constituído apenas de informações hereditárias. Há uma outra hereditariedade que se estabelece pelas vias da convivência com o meio. Ao ter contato com teorias que explicavam esta ideia de diversas formas, julguei interessante atribuir-lhe uma nomenclatura de fácil entendimento.*[29]

---

[29] *Diálogos de Orientação* 4.

Antes, porém, vale ressaltar a relação impregnação cultural *versus* criação artística, pois essa impregnação que circunda o corpo cultural, apresentando função essencialmente utilitária, pode estar presente também nas práticas artísticas, as quais não deixam de ser também culturais, isto é, a expressão simbólica de uma cultura, lembrando Langer (1980). No caso específico da dança, a arte do movimento, a impregnação cultural do corpo encontra-se ainda mais evidente, ainda que seu lado estético se sobreponha ao utilitário. Trata-se de uma impregnação cultural como fonte ou substância de criação artística.

O Corpo Impregnado e a Utilidade Prática de Sua Gestualidade

Com base em estudos da Antropologia segundo vários autores, observo que a cultura está no homem e este, naquela. Todas as formas de expressão humana contém especificidades culturais que caracterizam uma sociedade. Estas são determinantes, inclusive nas atitudes comportamentais de um sujeito, as quais se evidenciam no corpo.

O corpo, estrutura física do homem, é hospedeiro e transmissor de diversas informações, algumas mais visíveis e palpáveis, como o biótipo, que são as características físicas geneticamente herdadas, e outras mais abstratas, porém não menos visíveis, situadas no patamar das posturas e comportamentos corporais, adquiridos a partir do meio, isto é, da cultura na qual o indivíduo está inserido, por meio do que denomino impregnação cultural.

Procuro compreender esses comportamentos de duas maneiras: a partir do pensamento de Matos (2000) acerca da corporeidade, que os define simplesmente como a expressão dos caracteres constituintes do corpo, e com base nas concepções fundamentais de Mauss (1974) a respeito das técnicas corporais.

Para Matos (2000, p. 72), a corporeidade compreende o conjunto dos "aspectos que permeiam a representação do corpo". Em sua concepção, o corpo é entendido como "corpo objetivo/ subjetivo, com seus aspectos biológicos, históricos, sociais e culturais, formando uma rede de significações, que é produto da subjetividade do homem" (p. 73) e, portanto, de uma série de experiências vivenciadas pelo próprio homem.

Mauss (1974), por outro lado, e em estudos anteriores, considera que os comportamentos corporais relacionam-se com as técnicas corporais, consideradas "as maneiras como os homens, sociedade por sociedade e de maneira tradicional, sabem servir-se de seus corpos" (p. 211), o que significa dizer que cada grupo social possui características específicas desenvolvidas diante das necessidades, adequação ou (re)invenção de modos de utilização do corpo.

Este uso do corpo acaba tornando-se, na verdade, um hábito que pode ser adquirido a partir da educação, da convivência ou até mesmo da imitação. Essa última, por sua vez, depende principalmente do êxito do outro, ou seja, um indivíduo somente toma para si uma determinada característica comportamental por meio de uma imitação voluntária, no caso de ela já ser considerada bem sucedida por um outro indivíduo que a tenha realizado.

Retomando as colocações de Geertz (1989) em minha abordagem sobre a interdependência existente entre o homem e a cultura e considerando o corpo como um veículo de expressão da cultura, pode-se dizer que o homem é quem, na sua atitude criativa, implementa regras e noções de comportamentos corporais. De maneira semelhante, para Mauss, as técnicas corporais funcionam como formas de adaptação à utilização do corpo.

Na verdade, a opinião de Mauss (1974) aborda muito mais questões de adequação e adaptação culturais do que razões biológicas, enquanto Matos (2000) considera os dois aspectos. De acordo com o pensamento de ambos os autores, contudo, pode-se admitir que toda atitude corporal humana possui especificidades que são frutos de um modo de utilização do corpo desenvolvido pelo homem, tanto em função de suas características biologicamente herdadas quanto em consequência de determinadas circunstâncias culturais.

No sentido de sua constituição biológica e cultural, portanto, observo que o homem é um ser em constante transformação. Ele é inacabado no sentido de sua constituição em estado permanente de processo, porém, pode ser considerado perfeito do ponto de vista do funcionamento desta mutabilidade. No homem, a aprendizagem e a apreensão de informações culturais se dá por intermédio de uma estrutura biológica que é o sistema nervoso central. Por essa razão, compreendo que ambos os aspectos, somados ainda a outros, como por exemplo o psicológico, garantem ao ser humano a perfeição à qual me refiro.

Segundo esta concepção, o corpo cultural assume caráter eminentemente utilitário, isto é, de acordo com as necessidades do meio, desenvolve características e formas de expressão gestual que possuem, a *priori*, função predominantemente prática e, por consequência, rotineira, cotidiana, resultando gestos que são considerados simplesmente movimento vital e não arte.

De certa forma antecipando as concepções de Mukarovsky (1993), que adiante serão amplamente discutidas, argumento que, no caso da arte, o corpo apresenta características e funções muito particulares que se diferem das que anteriormente foram abordadas. Nas práticas artísticas, o corpo possui uma outra função que, conforme anteriormente sinalizado, volta-se para o aspecto da valoração estética no sentido da arte, devido ao tratamento que recebe. Há um processo consciente de criação, uma decisão de criar que se beneficia dessas qualidades incorporativas da cultura pelo corpo.

Por outro lado, não posso deixar de considerar ambos os corpos, o cotidiano e o artístico, como corpos culturais, já que os dois apresentam em sua gestualidade caracteres específicos do meio no qual estão inseridos. Na cena, como na vida, o artista leva consigo todas as características culturais que o impregnam. Na dança, especialmente, tais características encontram-se evidentes, tendo em vista sua condição de arte do movimento corporal.

Além de culturais, esses corpos também possuem como semelhança o caráter estético, pois, conforme argumenta

Mukarovsky (1993, p. 125), "não há ato humano nem objeto sobre os quais a função estética não possa projetar-se – mesmo quando esses atos e objetos se destinam a outras funções".

Sendo assim, o que explica a existência de uma função estética é não apenas a função, mas a atitude estética. Porém, a função estética do corpo prático do cotidiano e, portanto, executor do gesto prático, se difere do corpo artístico por não apresentar como dominante a função artística. O que ele apresenta é uma possível esteticidade, ou uma potencialidade estético-artística.

Tais considerações, entretanto, deverão ser mais profundamente abordadas a seguir. Ressalto, porém, uma outra semelhança entre os corpos do cotidiano e da arte: o fato de que ambos podem ser olhados como resultado de uma interação entre a natureza e a cultura. Com base nos conceitos de gene e meme é possível compreender, ainda mais claramente, a proposta da impregnação cultural que circunda e informa o corpo.

O meme, conceito desenvolvido pelo cientista Dawkins (2001, p.214), baseado no pensamento evolucionista de Charles Darwin, estaria para a cultura, assim como o gene está para a vida. Para ele,

> *da mesma forma como os genes se propagam no "fundo" pulando de corpo para corpo através dos espermatozóides e dos óvulos, da mesma maneira os memes propagam-se no "fundo" de memes pulando de cérebro para cérebro por meio de um processo que pode ser chamado, no sentido amplo, de imitação.*

Na perspectiva evolucionista de Darwin, a natureza vive em constante mutação, na qual as espécies melhor adaptadas ao meio transferem suas características às descendências. Katz & Greiner (2002, p. 96), sobre a teoria da evolução, comentam:

> *Trata-se de uma ideia que pode ser resumida no fato de que os mais capazes de sobreviver e reproduzir transmitem as características que os permitem assim funcionar a seus descendentes, e isso provoca a evolução dos traços (e não dos seres, como muitos pensam) que mais beneficiam o organismo a poder continuar operando dessa maneira.*

Estudiosos das ciências biológicas, em sua grande maioria, consideram a transmissão dessas características apenas por meio dos genes, enquanto Dawkins e demais seguidores do que se conhece como neodarwinismo, consideram também a transmissão dos caracteres culturais, isto é, adquiridos. Esses caracteres, ditos memes, seriam todas as impregnações culturais cujo "meio de transmissão é a influência humana de vários tipos, a palavra escrita e falada, o exemplo pessoal e assim por diante" (2001, p. 220).

Dawkins (2001) explica que a transmissão de memes dá-se pelas vias longitudinal e horizontal, ou seja, pode acontecer de geração em geração ou de um indivíduo para o outro, ainda que não haja laços de sangue entre ambos. Isso significa admitir que existe de fato uma transmissão de características não biológicas, a qual é concretizada pelos ensinamentos que se propagam dentro e fora de uma família específica.

De acordo com a forma de transmissão argumentada pelo autor, entendo que os caracteres culturais são emitidos por meio de uma coexistência simbólica que passa de um cérebro a outro, estabelecendo-se, portanto, no corpo, razão pela qual meu conceito de impregnação cultural pode ser considerado realmente pertinente.

No que diz respeito ao corpo da arte, caracteres *meméticos* relacionados com a criação, o gosto e os valores estéticos, também apresentam transmissão evidenciada de diferentes formas. Tomemos como exemplo a prática da dança. Um bailarino de grande talento técnico e expressivo poderá até transmitir seu dom, fisicamente falando, aos seus descendentes, por uma via genética e por ser algo que faz parte de sua constituição anatômica e fisiológica, contudo, a herança desse talento poderá não se desenvolver em toda a sua plenitude caso não seja despertado em seu receptor, no caso seu descendente biológico, o prazer e a consciência existencial pela prática dessa arte. Em resumo, a dança enquanto prática motora é um exemplo de meme, uma prática cultural que salta de um corpo para o outro por ensinamento e/ou imitação.

Interessa-me, no que tange ao meme, abordar exatamente questões referentes à corporeidade, conforme explicado. Nesse sentido, é relevante ressaltar que corpo e ambiente são desenvolvidos em codependência, à semelhança da relação entre homem e cultura anteriormente abordada e bem definida na teoria da complexidade de Morin (2001), que ressalta a relação homem – corpo – natureza – sociedade.

Equiparando ambas as relações, pode-se dizer que o homem está para a cultura assim como o corpo está para o ambiente; e mais, que o homem pode ser considerado o próprio corpo, bem como a cultura, o próprio meio.

> *Nós, seres humanos, somos resultado de 0,6 a 1,2 bilhões de anos de evolução metazoária [...]. Evidentemente, um tempo tão longo produz um sem-número de adaptações, isto é, de negociações entre corpos e ambientes. Se o sopro em torno também compõe a coisa, a cultura (entendida como produto do meio, do entorno) encarna no corpo [...]. As informações do meio se instalam no corpo; o corpo, alterado por elas, continua a se relacionar com o meio, mas agora de outra maneira, o que o leva a propor novas formas de troca. Meio e corpo se ajustam permanentemente num fluxo inestancável de transformações e mudanças.*
> (Katz & Greiner, 2002, p. 90)

Tangenciando esta discussão, vale ainda ressaltar o pensamento de Merleau-Ponty (1999, p.195), que pela relação espaço *versus* tempo, explica e exemplifica a situação deste corpo no meio em que está inserido. Assim, o autor afirma:

> *Enquanto tenho um corpo e através dele ajo no mundo, para mim o espaço e o tempo não são uma soma de pontos justapostos [...]; não estou no espaço e no tempo, não penso o espaço e o tempo; eu sou no espaço e no tempo, meu corpo aplica-se a eles e os abarca. A amplitude dessa apreensão mede a amplitude de minha existência; mas, de qualquer maneira, ela nunca pode ser total: o espaço e o tempo que habito de todos os lados têm horizontes indeterminados*

que encerram outros pontos de vista. A síntese do tempo assim como a do espaço são sempre para se recomeçar.

Relacionando esta abordagem que, por sua valorização do caráter de constante evolução cultural do corpo, corrobora minha conceituação de impregnação cultural e com os estudo de Dawkins (2001), o corpo funciona incessantemente, então, como receptor e transmissor de memes. Considerando o caso específico das práticas cotidianas, esses memes podem ser tidos como posturas e gestos corpo-culturais, apresentando formas particulares de transmissão e aprendizado de informações, os quais, ainda que não possuam função artística, podem vir a contaminar o processo de criação coreográfica. Na dança, o corpo radicaliza e potencializa suas trocas simbólicas com a cultura.

Particularmente interessa-me comentar a gestualidade cotidiana do homem urbano, impregnada pela velocidade tecnológica dos meios de comunicação e, principalmente, por um desejo incontido de sobrevivência no concorrido mercado de trabalho. Tais características, enquanto memes culturais, são aqui tidas não somente como indutores para a montagem do espetáculo, mas como indutores-sensibilizadores para o estudo e tratamento estético do gesto posteriormente utilizado na coreografia.

O processo de criação do espetáculo *Metrópole* apresentou, a princípio, uma busca pela imaginação, observação e auto-observação, investigação e autoinvestigação da gestualidade cotidiana urbana funcionalmente prática e, como segundo momento, a abstração dessa gestualidade com a finalidade estética da cena. Nesse sentido, saliento que a gestualidade funcionalmente prática, mesmo que não tivesse sido intencionalmente utilizada na criação do espetáculo, estaria presente na encenação por estar impregnada nos corpos dos intérpretes e, consequentemente, por ser um meme.

Em meu entendimento, ao conviver no meio urbano, mesmo em ambiente amazônico, criadores e intérpretes assimilaram uma série de caracteres *meméticos* pertencentes à cultura veloz que circunda Belém, uma capital de proporções metropolitanas no meio de uma grande floresta tropical que, por meio da literatura, do cinema, da televisão e das mídias de um modo geral, recebe toda gama de informações culturais que influenciam sobremaneira o comportamento dos homens que constituem sua população.

No caso de *Metrópole,* devem ser levados ainda em consideração outros dois indutores: o primeiro diz respeito às experiências práticas dos intérpretes do espetáculo na cidade de São Paulo, megalópole brasileira e uma das maiores do mundo, local onde estiveram presentes, conforme explicado, por ocasião da participação em um festival de dança; o segundo, por sua vez, destaca-se a partir das experiências particulares da pesquisadora enquanto coreógrafa, especialmente em se tratando da convivência enriquecedora com a realidade metropolitana de Nova Iorque, um dos monumentais centros urbanos do mundo.

Tais considerações, portanto, apresentam uma característica muito significativa: o multiculturalismo, isto é, a diversidade de informações culturais que vem constituindo o trajeto antropológico dos integrantes do espetáculo e, por consequência, seu processo de impregnação cultural via características metropolitanas diversas, que é motor de influência para a prática cotidiana, bem como o é para a prática artística.

O Homem Urbano Contemporâneo Em Metrópole: Múltiplas Identidades Culturais

Sobre o multiculturalismo ao qual já me referi, é importante explicar que entendo esse conceito como uma forma de aglutinação de culturas diversas. Sabedora da polêmica que se lança sobre o termo, julgo necessário salientar que a utilização do mesmo, nesta pesquisa, limita-se à compreensão pura e simples daquilo que é o contato entre diversas culturas.

Morin (2001) explica, por meio de sua teoria da complexidade, a ampliação cultural do ser pelo contato "com ideias e conhecimentos vindos de outras culturas" (p. 46), o que, consequentemente, possibilita ampliar as próprias visões de mundo do homem. Para Morin (2000, p. 164 - 5), a identidade social é reforçada

> *pela confrontação com as outras sociedades, que, embora tenham um organização com base semelhante, se diferenciam pela linguagem, pelo mito genealógico e cósmico, pelos espíritos, pelos deuses, pelos símbolos, pelos emblemas, pelos enfeites, pelo rito, pela magia, quer dizer, pelos caracteres noológicos.*

Neste sentido, compreendo uma metrópole como um centro urbano onde o multiculturalismo é uma característica marcante em face da presença de indivíduos com ideias e conhecimentos múltiplos. Uma metrópole é, portanto, um ponto de encontro de indivíduos pertencentes a diferentes culturas, possuidores de diferentes memes também impregnados corporalmente. De forma semelhante, o próprio espetáculo é resultado de uma série de informações culturais que implicam na impregnação dos corpos que dançam.

Nas perspectivas de concepção e criação de *Metrópole*, portanto, observa-se a presença de gestos cotidianos multiculturais transmutados em gestos cênicos multiculturalizados, interpretados por multicorpos, ou seja, corpos de indivíduos urbanos e urbanizados, possuidores de múltiplas identidades corporais, como são os intérpretes do espetáculo.

Assim, as técnicas corporais de Marcel Mauss anteriormente estudadas, entendidas como forma de adaptação corporal ao meio, podem ser caracterizadas, no caso de uma metrópole, como comportamento cotidiano múltiplo e plural, tal qual o próprio homem urbano contemporâneo e sua identidade cultural, que nada mais é do que o conjunto de seus traços de identificação no contexto cultural das grandes cidades.

Meu conceito de identidade corporal e, portanto, a identificação à qual me refiro, engloba uma série de elementos provisórios e variáveis no processo de construção da identidade do indivíduo. Tal concepção diz respeito ao novo olhar lançado sobre a questão da identidade cultural, marcada hoje pela ideia de que o homem é constituído não apenas de uma única identidade, mas de múltiplas identificações, de modo que a impregnação corporal, tal qual a própria cultura, não pode ser vista pelas lentes da imutabilidade, mas sim a partir desse novo olhar que norteia a noção da identidade cultural na contemporaneidade, especialmente a metropolitana.

Se os ideais iluministas de outrora cederam vez à noção do sujeito sociológico, essa última deixou a cena, que hoje pertence ao sujeito pós-moderno. Stuart Hall (2002, p. 10) explica que o "sujeito do Iluminismo" trazia consigo uma identidade desde o nascimento, a qual permanecia a mesma durante toda a sua história de vida. Já o sujeito sociológico trazia como marca a complexidade do mundo moderno, sempre crescente e a conscientização da participação da sociedade na construção da identidade cultural.

Por outro lado,

> *o sujeito, previamente vivido como tendo uma identidade unificada e estável, está se tornando fragmentado; composto não de uma única, mas de várias identidades, algumas vezes contraditórias ou não resolvidas [...]. O próprio processo de identificação, através do qual nos projetamos em nossas identidades culturais, tornou-se mais provisório, variável e problemático [...]. A identidade plenamente unificada, completa, segura e coerente é uma fantasia. Ao invés disso, à medida em que os sistemas de significação e representação cultural se multiplicam, somos confrontados por uma multiplicidade desconcertante e cambiante de identidades possíveis, com cada uma das quais poderíamos nos identificar – ao menos temporariamente.*
>
> (Hall, 2002, p. 12-13)

Na condição de memes culturais, os gestos pertencentes ao cotidiano e de utilidade puramente prática, podem ser tidos como ingredientes de uma identidade humana, de modo que, assim como a própria identidade, alteram-se, podendo inclusive perder a vez para um novo gesto descoberto, de execução mais fácil e/ou de maior eficácia. É possível ainda considerar o aspecto cambiante do gesto corporal à maneira como são classificadas as identidades culturais, ou seja, a partir do entendimento de que, ao longo dos tempos, a corporeidade vem sofrendo alterações em função das alterações do próprio ambiente cultural.

Os gestos em questão, alojados no corpo e, por conseguinte, manifestados em sua corporeidade, traduzem exatamente as necessidades desse corpo para o processo de adaptação ao meio, pois, relembrando os conceitos de Morin (2001), para quem o homem é responsável pela criação de tudo o que é cultural, o *imprinting* e a normalização existem como vetores da formulação dos sistemas culturais humanos e, consequentemente, da caracterização de suas identidades. "Uma vez que a identidade muda de acordo com a forma como o sujeito é interpelado ou representado, a identificação não é automática, mas pode ser ganhada ou perdida" (Hall, 2002, p. 21).

Assim, a fragilidade do homem se expõe e se esconde nos grandes centros urbanos, pois o ser humano encontra-se em permanente estado de modificação de identidade. Hoje ele sai para trabalhar apressadamente; amanhã, estando um pouco mais tranquilo, esse mesmo homem pode revelar um outro eu que se distancia do primeiro.

A mutabilidade que cerca o comportamento humano pode ser também caracterizada pelos disfarces que o homem utiliza para mascarar seus verdadeiros sentimentos, fazendo-se parecer possuidor sempre de uma única personalidade, contudo assumindo um personagem que encobre sua outra face.

Com esta manifestação de corporeidade, pode-se classificar como identidade os comportamentos urbanos cotidianos experimentados pela maioria da população constituinte das metrópoles. Essas identidades, contudo, enquanto corporeidades, também são passíveis de transformações e possuem alto poder de mutabilidade, pois, como se percebe, estão vulneráveis às mudanças do mundo.

Neste sentido, com base em minhas próprias reflexões, posso dizer, por exemplo, que o ônibus que hoje se "apanha" de uma forma poderá ser "apanhado" de outra ainda inimaginável num futuro não muito distante. Além disso, entendo que aquilo que hoje é um gesto cultural capaz de identificar um ser humano pertencente ao meio urbano, não era idêntico em décadas atrás, pois o movimento também é vítima do progresso tecnológico e cultural.

O ato de caminhar, por exemplo, segundo minha concepção, está entre os gestos mais significativos para ilustrar a identidade mutante do indivíduo. O caminhar, movimento natural do ser humano, dependendo da maneira como é executado, possui diferentes significações. Nas grandes cidades, é predominantemente apressado, geralmente acompanhado de alguma outra atitude, como por exemplo falar ao celular ou fazer a breve leitura de um panfleto. Esse caminhar funciona como uma corrida contra o tempo, além de o indivíduo caminhante apresentar também, como característica, a indiferença com relação aos seus semelhantes, própria do movimento das multidões, cujo individualismo dos seus componentes originou a ideia da multidão solitária.

Caminhar calmamente na cidade, por outro lado, pode significar uma atitude introspectiva, caracterizando-se como a apreciação da maravilhosa complexidade comportamental urbana ou como a divagação por um mundo muito particular. Um executivo, por exemplo, certamente se identificaria mais com a primeira forma de caminhar, ao contrário de um mendigo.

Ambos os "personagens da cidade", no entanto, na condição de sujeitos de identidade cultural na pós-modernidade, possuem a propriedade de alterar seus comportamentos, seja por necessidade, curiosidade ou qualquer outra razão que os impeça de agir como habitualmente o fazem. Esse processo, entretanto, funciona como mais um processo *memético*, do modo como o indivíduo adota em sua cultura e, consequentemente, corporeidade, diferentes maneiras de "atuar" e, por conseguinte, diferentes identidades ou identificações.

Pode-se afirmar que o processo de criação aqui analisado também sofreu alterações no sentido da construção da identidade cultural dos seus intérpretes, haja vista que, ao observar o comportamento do outro de maneira sensível, diferentes maneiras de se comportar passaram a ser aprendidas por esses intérpretes. Assim, os memes cotidianos dos bailarinos e do ator, encontram-se presentes na própria obra coreográfica, razão pela qual não posso deixar de levar em consideração, conforme já referido, as próprias influências das diferentes formas de expressão da cultura metropolitana, isto é, do multiculturalismo.

Como exemplo de identificação, mutabilidade na identidade, multiculturalização do corpo e impregnação cultural no espetáculo *Metrópole*, pode-se situar o percurso do personagem central da trama, interpretado pelo ator Márcio Moreira, já referido. Ele inicia o espetáculo como um ser "puro", como um recém-chegado na metrópole e passa por diferentes estágios, os quais vão surgindo no espetáculo a partir dos acontecimentos encenados pelo ator, especialmente aqueles pontuados pelos poemas inerentes à encenação.

Primeiramente, o homem depara-se com o contraste das imagens velozes da cidade grande, que logo haverá de acelerar as transformações em seu próprio corpo, como no trecho do poema abaixo situado.

> *A grandeza vertical reflete o caos organizado,*
> *Mata a arquitetura emocional,*
> *Encarcera o rústico*
> *presente no ser original.*[30]

A partir de então, muitas são as informações que aos poucos vão moldando a personalidade deste ser interpretado pelo ator. A pureza de outrora se reveste de novidades, imprimindo marcas antes desconhecidas, garantindo o percurso plural da identidade cultural. Aquele que antes era um, ou pouco mais que isso, agora incorpora diversos como nos versos de Mário de Andrade.

---

[30] Trecho do poema *Metrópole*, de Feliciano Marques e Nelly Brito, constituinte da encenação do espetáculo. *cf.* capítulo 1 deste livro.

> *Eu sou trezentos, sou trezentos-e-cincoenta,*
> *Mas um dia afinal eu toparei comigo...*[31]

Ao topar consigo, entretanto, este personagem continuará sendo muitos sujeitos, pois as informações adquiridas por ele já são irrevogáveis e a elas, somar-se-ão outras. Isso é tão profundamente verdadeiro que a terceira interferência do personagem, diferentemente da sua ingenuidade inicial, é uma espécie de absorção de ideias políticas que vão de encontro ao comportamento burguês nas metrópoles; uma forma de reação aos primeiros contatos com a mesquinharia e o falso moralismo, de um modo geral, caracterizadores das classes sociais economicamente dominantes nas sociedades capitalistas.

Como prevê Berman, as grandes cidades apresentam "movimentos sociais de massa, que lutam contra as modernizações de cima para baixo, contando só com seus próprios meios de modernização de baixo para cima" (Berman, 1986, p. 18). De forma semelhante, as palavras de Mário de Andrade referem-se às formas de comportamento burguês vigentes na modernidade, mas sua presença no espetáculo reflete, de maneira mais atualizada e condizente à real situação burguesa nas metrópoles, pensamentos que são frutos de preocupações e informações diversas adquiridas e emitidas pelas experiências vividas.

---

[31] Trecho do poema de Mário de Andrade intitulado *Eu sou trezentos...*, encenado em *Metrópole*. O poema pode ser lido na íntegra em Pauliceia Desvairada de Mário de Andrade in: <http://www.geocities.com/SoHo/Nook/4880/trezentos.html>. Acesso em: 15.dez.2003.

O antiburguês, contudo, também pode se maravilhar diante da cidade, identificando-se, assim, com outras verdades. Como para o indivíduo em contato com o ambiente que o circunda, nada é definitivo, ou como previu Berman, *tudo que é sólido se desmancha no ar*, o personagem central desta história passa a revelar um ar de simpatia para com a velo(vora)cidade da urbe. Apesar de caótica, como a própria existência, a metrópole também pode se transmutar, ainda que por um breve instante.

Nos últimos momentos do espetáculo, o personagem vivencia o ápice de sua trajetória multicultural. Enquanto bailarinos dançam freneticamente, o personagem central adentra em uma experiência de transição e veste-se de uma nova personalidade interpretada. Como um executivo da metrópole, ele se comporta de maneira imponente. Seu ser multiplicador de informações torna-se austero, deixando-se contaminar pelo comportamento contra o qual bradava anteriormente.

Nas grandes cidades, contudo, nada é para sempre e o corpo múltiplo daquele ser já se encontra cansado. Solidão e desespero são traduzidos em imagens corporais. Como nas metrópoles, mais um indivíduo clama por socorro. Diante de um grupo de pessoas condicionadas pela velocidade, porém, seu clamor é imperceptível. As imagens a seguir retratam bem esse conflito.

Figura 13 – Personagem central III

(Foto: Rodolfo Braga)

Local: Teatro da Paz, Belém, 2008

Figura 14 – Personagem central IV

(Foto: Manoel Pantoja)

Local: Teatro da Paz, Belém, 2008
Monotonias das minhas retinas[32]

---

[32] Trecho do poema *Os Cortejos*, de Mário de Andrade, constituinte da encenação de *Metrópole*. cf. Pauliceia Desvairada de Mário de Andrade in: <http://www.geocities.com/SoHo/Nook/4880/cortejos.html>. Acesso em: 15.dez.2003

Eis aqui um bom exemplo de minha concepção de identidade cultural na contemporaneidade das grandes cidades. O processo vivenciado pelo personagem se assemelha ao que Maffesoli (1997) define como uma espécie de transe do indivíduo que por fim adere aos diversos movimentos culturais que o cercam. "Eis o paradoxo: esse esquecimento de si, esse mergulho do indivíduo na viscosidade ambiente, eleva-o a uma espécie de universal" (p. 251).

Em *Metrópole*, como na vida cotidiana real, as viscosidades que cercam e, consequentemente, configuram as personalidades humanas, são refletidas a partir da variação de características comportamentais e da somatória de genes e memes. Nada é definitivo, mas também inseparável do ser humano impregnado.

3 Do transeunte cotidiano ao transeunte cênico: o processo de transfiguração gestual na composição do espetáculo

> *O corpo na dança se faz um duplo ser,*
> *Unidos braço a braço; perna a perna,*
> *Torso e ventre e ventre e torso,*
> *Unidos corpo e dança, dança e corpo,*
> *Casto coito entre o sonho e a realidade.*
> *Ora um ora outro torna-se visível.*
> J.J.P.L.

As palavras do poeta traduzem o significado verdadeiramente ambíguo da arte da dança. Realidade ou imaginação? Na verdade, entendo que essa arte pode ser mesmo é caracterizada como um jogo entre ambas as concepções.

Recriar a realidade ou a própria abstração, enquanto função estética da arte, abordando suas especificidades no tratamento concedido ao gesto na dança é o enfoque deste capítulo. Na abordagem que aqui se apresenta, pretendo esclarecer, com base nos conceitos de gesto virtual (Langer, 1980) e conversão semiótica (Loureiro, 2002), o processo de transfiguração gestual do prático ao artístico no espetáculo *Metrópole*.

Neste capítulo contemplo ainda o conceito de espetacularidade, proposto pela Etnocenologia, a fim de compreender as características espetaculares e distintas do cotidiano e da encenação, assim como o entendimento do conceito de jogo e a forma como este é presenciado nos processos de criação e encenação de *Metrópole*.

A Função Artística Do Gesto Na Criação Em Dança

Ao contrário das situações cotidianas, o gesto na dança possui um diferencial que, além de não se apresentar na forma de prática gestual anteriormente abordada, é o que o torna verdadeiramente artístico. Esse diferencial é a função estética que ele assume ao ser incorporado na encenação coreográfica.

De acordo com Mukarovsky (1993, p. 120), a função estética "tem a sua origem e o seu fundamento numa das atitudes elementares que o homem adota perante a realidade: a atitude estética", ou seja, as informações do mundo são captadas e reorganizadas a partir de uma determinada intenção e para um dado fim.

Deste modo, o gesto cotidiano, em determinadas situações, também não deixa de possuir apelo estético, porém, este não é artístico. No caso da arte, esse apelo é algo que se estabelece não somente pela atitude estética do seu executor, mas pelo valor estético atribuído à sua execução, que é artística e esteticamente contemplável. Adiante, ao tratar dos parâmetros previstos pela Etnocenologia, tecerei novas considerações sobre essa polêmica.

No momento, em se tratando de estética, é relevante salientar que a compreendo no seu papel formador das linguagens artísticas, o elemento pelo qual é possibilitado o ato de observar a obra de arte, contemplando-a como forma significante pela via dos sentidos. Estética é, de acordo com Pareyson (1997, p.2), um termo que se aplica à arte e sua forma de um modo geral.

> *Hoje se entenda por estética toda teoria que, de qualquer modo, se refira à* beleza *ou à* arte *[...] como complexo de observação técnica e de preceitos que possam interessar tanto a artistas quanto a críticos ou historiadores [...] como quer que a arte se conceba, seja como arte em geral, de modo a compreender toda técnica humana ou até a técnica da natureza, seja especificamente como arte bela.*

Na perspectiva desse autor, a estética possui ainda como característica, uma certa ambivalência de sentidos, semelhante à relação existente entre prática e teoria, pois ela possui duas concepções, uma filosófica e outra concreta. Seu caráter filosófico é especulativo, vislumbra explicar e fornecer subsídios às experiências concretas e práticas em arte, enquanto seu caráter concreto estimula e vivifica o filosófico, à medida em que a execução prática das obras de arte requer sucessivas reflexões acerca de si própria.

Assim, a filosofia (teoria) e a concretude (prática) se completam na integridade da obra, contudo sem delimitar normas de se fazer arte ou critérios para avaliação da mesma, ainda que a especulação filosófica forneça alguns indicativos influentes para os processos de criação artística, os quais expressam materialmente diferentes concepções de uma determinada realidade.

No sentido desta materialização da realidade, pode-se considerar um aspecto que constitui todas as obras de arte: a forma. Não se pode, no entanto, falar em forma sem considerar o aspecto do conteúdo. Ao primeiro cabe dar vida ao segundo, ou seja, eles são inseparáveis, de modo que, muitas vezes, a forma é a própria expressão da ideia do conteúdo. Esses, portanto, são os caracteres que particularmente me interessam neste estudo, tendo em vista que ambos consistem no tratamento artístico, na concepção estética daquilo que a obra quer expressar, formatando juntos o assunto por ela abordado.

Assim, em se tratando de obras de arte pode-se afirmar que o que é essencial se faz presente e se faz ser visto no momento em que a obra é contemplada. Nessa perspectiva, encontro nas palavras de Loureiro (2002, p. 59) a maneira mais apropriada de compreender a contemplação estética em questão, que "seria a grande finalidade da arte". O objetivo maior do artista para com a própria obra e o modo como ela será observada pelo espectador, encontram-se, portanto, em primeiro plano.

O caráter estético, enquanto via de contemplação de uma obra artística, consiste principalmente no seu aspecto visual, o qual se expressa pela forma que adquiri ao longo do processo criativo. "A obra de arte é expressiva enquanto é *forma*, isto é, organismo que vive por conta própria e contém tudo quanto deve conter [...]. A forma é expressiva enquanto o seu *ser* é um *dizer*" (Pareyson, 1997, p. 23).

Nas artes cênicas, é diante do espetáculo que surge esta experiência da concretude, isto é, do estar diante da própria obra, através de suas formas e materiais. Tudo o que diz respeito ao espetáculo, toda simbologia que gira em torno dele, possui valor estético e sua materialidade é a primeira impressão percebida pelo espectador, chegando ao mesmo pelos sentidos e, sobretudo, pelo seu aspecto visual.

Sobre a experiência do valor visual que norteia a obra de arte, Calvino (1990, p. 114) comenta:

Seja como for, todas as "realidades" e as "fantasias" só podem tomar forma através da escrita, na qual exterioridade e interioridade, mundo e ego, experiência e fantasia aparecem compostos pela mesma matéria verbal; as visões polimorfas obtidas através dos olhos e da alma encontram-se contidas nas linhas uniformes de caracteres minúsculos ou maiúsculos, de pontos, vírgulas, de parênteses; páginas inteiras de sinais alinhados, encostados uns aos outros como grãos de areia, representando o espetáculo variegado do mundo numa superfície sempre igual e sempre diversa, como as dunas impelidas pelo vento do deserto.

Também na dança, todas as realidades e fantasias só podem tomar forma a partir da criação de uma escrita, porém, de uma escrita corporal, isto é, de uma coreografia, a qual é composta de elementos materiais que nada mais são do que informações interiores e exteriores aos corpos de quem cria e/ou interpreta. Essas informações, por vezes até contraditórias, porém, coexistentes e, sobretudo, visíveis, constituem a forma da escrita coreográfica, os elementos que possibilitam a materialização e a consequente visualização da mesma.

Entendo, então, que na prática da dança, a aparência está na combinação de gestos abstraídos da realidade por meio de movimentos, sendo o gesto um movimento corporal próprio do corpo em qualquer circunstância. Esse gesto, no entanto, é transformado em signo artístico, e por essa razão assume valor estético e artístico, pois passa a ser utilizado de forma estilizada e simbólica.

No caso que aqui se apresenta, o gesto funcional passa por uma travessia e mergulha em uma outra qualidade que é estética, conforme classifica Pavis (1999, p. 185), "gestos estéticos, trabalhados para produzir uma obra de arte (dança, pantomima, teatro, etc.)". Em *Metrópole*, o gesto cotidiano comum, matéria-prima do espetáculo, transfigura-se em gesto cênico, ressignificado conforme as concepções artísticas. Há uma mudança de função, pois o que antes era prático passa a ter função estética e artística como dominante.

Nesta perspectiva, a classificação de uma função está diretamente relacionada com a atitude adotada diante de um fato, conforme argumentei anteriormente. No espetáculo *Metrópole*, o gesto cotidiano é trabalhado e trazido para a cena de forma abstraída, passando a possuir uma atitude intencionalmente cênica, ou seja, diferente da forma prática como se dá no cotidiano real. Ele possui um teor artístico, razão pela qual sua função pode ser classificada como artística.

No sentido da transfiguração gestual observada em *Metrópole*, cabe utilizar novamente o raciocínio de Mukarovsky (1993).

O autor argumenta que o olhar para as coisas do mundo passa a ser direcionado de acordo com o interesse pessoal daquele que olha. No que se refere ao processo criativo desse espetáculo e à dança de um modo geral, o mundo passa a ser visto por uma lente coreográfica em busca dos primeiros estímulos para o processo de criação, que consiste no próprio processo de transfiguração do prático em signo estético.

> *No caso do signo estético, a atenção é dirigida, pelo contrário, sobre a própria realidade que é convertida em signo: aparece aos nossos olhos toda a riqueza das suas características e, por conseguinte, também toda a riqueza e toda a complexidade do ato através do qual o observador percebe a realidade concreta em questão. A coisa que se converte em signo estético descobre aos olhos do homem a relação que existe entre ele e a realidade.*
> *(Mukarovsky, 1993, p. 122)*

Sobre esta atitude, entendo que o gesto cotidiano real não apresenta como característica a intenção artística que o gesto cotidiano em cena possui. Aliás, reportando-me a Aristóteles, teórico estudado por Loureiro (2002), conforme visto no primeiro capítulo, afirmo que o gesto cotidiano real apenas contém potencialmente o elemento capaz de tornar-se arte, mas não é arte em si.

Com base nos conceitos de potência e ato, é possível compreender que uma determinada coisa pode conter em potência um elemento que a torne algo mais em ato. Na arte, "a obra física seria potência, energia propiciadora do objeto estético" (Loureiro,

2002, p. 59), ato que, no presente caso, é gesto dançado no espetáculo. Seguindo esse raciocínio pode-se entender, então, que o gesto cotidiano contém em potência o gesto artístico. O gesto cotidiano, ao ser transfigurado para a dança, passa a ser o próprio ato artístico, antes em potência no cotidiano.

O processo de transfiguração gestual da função prática à artística pode ser muito bem compreendido tomando-se por base as colocações de Mukarovsky (1993, p.131). Referindo-se à função estética da palavra, o autor comenta:

> *O "estético" na língua, a fim de renovar a eficácia estética, reorganiza continuamente a estrutura do sistema linguístico, trazendo ao primeiro plano um ou outro dos seus elementos componentes e descobrindo, assim, muitos fenômenos e processos linguísticos que no uso prático da língua estão encobertos pelo papel comunicativo do signo linguístico.*

A partir do estudo da linguística, Mukarovsky (1993) admite que a função prática de comunicação que a língua possui, assume um enfoque estético quando utilizada pela forma poética. A palavra poética possui, portanto, a função estética, ao passo que a palavra comum apresenta função prática.

Tecendo uma analogia, observa-se que o movimento está para a dança como a palavra está para a linguística. Na dança, a função estética do gesto artístico (poesia em se tratando da palavra), reformula as estruturas dos movimentos corporais que são os próprios gestos cotidianos (palavra com função eminentemente comunicativa).

A estética da arte, como no caso da palavra, reorganiza a estrutura funcional do gesto prático e traz ao primeiro plano o caráter artístico, pois o que antes era simplesmente utilitário e encoberto por esta função, revela-se por uma outra concepção, passando a ser, enfim, dança.

Dança: Gesto Artístico, Simbólico e Virtual

O artista da cena caracteriza-se, dentre outras razões, pelo fato de comunicar algo por meio de uma ilusão. A arte da encenação "é uma recriação, num processo em que o artista se torna um cocriador da realidade. Reinventor do mundo" (Loureiro, 2002, p. 61). No caso da dança, o artista (coreógrafo/ bailarino) capta as realidades do mundo, através da sua capacidade de observação, análise e imaginação, bem como a partir de suas referências pessoais, condições culturais e de todas as impregnações que o cercam, tornando-as visualmente contempláveis, graças às combinações dos movimentos corporais.

Na coreografia, o corpo e tudo aquilo que se encontra ligado a ele, é utilizado expressivamente. Na realidade, no que concerne à encenação, o corpo é o intermediário entre ficção e realidade, além de ser a maior referência estética da obra coreográfica, possuindo valor mais pelo que faz do que pelo que representa em cena. Em suma, cabe ao corpo a função estética da obra de arte em dança, pois ele é o material da cena, é o representante do conteúdo e o executor da forma, ou seja, dos movimentos. Ele é continente e conteúdo da dança.

A respeito do gesto corporal, considero que, tanto no que é relativo à vida cotidiana quanto no que se refere às artes cênicas, ele é "o elemento intermediário entre interioridade (consciência) e exterioridade (ser físico)" (Pavis, 1999, p. 184). Ele é tido, então, como a exteriorização de um sentimento que se evidencia no corpo. Trata-se, no entanto, de uma concepção clássica do conceito de gesto, de modo que, em minha perspectiva, ao assumir diferentes funções em situações diversas, ele passa a possuir também outras concepções.

No que tange à prática cênica, é possível evidenciar uma concepção de gesto que difere da simples ideia de expressão de um sentimento. Pavis (1999) argumenta que se trata da função de produção de signos artísticos, ou seja, de elementos que são resultantes dos trabalhos de pesquisa exercidos pelo artista da cena e que desembocam na criação de uma gestualidade ilusória, passando a ser a representação simbólica do sentimento e da cultura.

Sobre essa gestualidade ilusória que emana do corpo que dança, Langer (1980) possui uma concepção bastante significativa. Ao assumir o caráter simbólico e abstrato do gesto na dança, essa autora passa a considerá-lo gesto virtual, isto é, como uma realidade produzida, não concreta e, por consequência, abstrata. Para essa autora, "gesto é a abstração básica pela qual a ilusão da dança é efetuada e organizada" (1980, p. 183).

Langer (1980, p. 183) explica essa virtualidade do gesto utilizando, como exemplo, a gesticulação de um animal. Diz a autora:

Apenas quando o movimento que era um gesto genuíno no esquilo é imaginado, de maneira que possa ser executado isoladamente da mentalidade e situação momentânea do esquilo, é que se torna um elemento artístico, um possível gesto de dança.

Essa concepção significa admitir que o que se vê em cena, em uma obra coreográfica, é uma representação simbólica de algo, um símbolo.

É possível adotar o símbolo como terminologia comum à classe cênica, tendo em vista que, conforme argumenta Pavis (1999, p. 360), "em cena, todo elemento simboliza algo", de modo que o gesto, por sua vez, também não pode deixar de ser considerado símbolo de algo que é representado na cena da dança, da mesma forma que é uma virtualidade.

Dessa maneira, a virtualidade gestual defendida por Langer (1980) se deve ao conjunto de impulsos, efeitos e sensações causadas pelo aspecto visual da dança, os quais a autora denomina de "poderes virtuais" (p. 184), explicando que se tratam de elementos que parecem estar além de quem os executa.

De fato, estes poderes virtuais constituem mesmo algo que se encontra, de certa forma, além do executante, já que estão na dependência e impregnação do próprio ambiente que o circunda. Por essa razão, acredito na permanente influência das características corporais e culturais para os processos de criação de quem dança, mesmo na situação coreográfica mais abstrata, ainda que, em primeira instância, seja observado o movimento e não o corpo que o executa.

Por outro lado, há que se levar em consideração um outro aspecto virtual da obra de arte em dança: o sentimento. Assim como o gesto, o sentimento também é criado, e criado por meio da imaginação. "É o sentimento imaginado que governa a dança, não condições emocionais reais" (Langer, 1980, p. 186).

O sentimento, produzido pelo psicológico do artista, impulsiona a pesquisa de uma gestualidade que o represente. Particularmente acredito que a força do verdadeiro artista reside nesse aspecto. Quanto mais real parecer o sentimento, mais eficiente terá sido o trabalho de pesquisa, bem como o seu resultado formal expressivo.

Nesse sentido, pode-se acreditar que na dança há uma contradição: o querer fazer parecer real aquilo que, de fato, não é e se realiza por não ser real. Tanto o gesto quanto o sentimento, em sua subjetividade, que emana das próprias vivências culturais, procuram sugerir a realidade, além de carregarem, em contrapartida, um forte caráter de objetividade pelo fato de serem premeditados, isto é, eles são, no mínimo, pensados e planejados, até mesmo quando se tratam de improvisações.

A relação sentimento *versus* gesto é diretamente proporcional. Cotidianamente, o modo como se executa um gesto é capaz de traduzir um sentimento, pois qualquer gesto estará sempre impregnado por um sentimento, sensação ou intenção, assim como todo sentimento manifesta-se por meio de um gesto.

O gesto artístico, de forma semelhante, traduz um sentimento, mas que não é exatamente do artista, e sim do personagem, isto é, não é um sentimento real, mas criado, produzido. Pode até ser algo que parta de uma experiência vivida, de fato, pelo artista, mas ao ser apresentado na cena, reorganiza-se em sentimento do personagem. Sobre esse aspecto, é importante considerar ainda uma profunda e complexa associação de elementos reais e virtuais.

> *Os movimentos, evidentemente, são reais; brotam de uma intenção, e, nesse sentido, são gestos reais; mas não são os gestos que parecem ser, porque parecem brotar do sentimento, como de fato não o fazem. Os gestos reais do dançarino são usados para criar uma semelhança de autoexpressão e são, destarte, transformados em movimento espontâneo virtual. A emoção em que tal gesto começa é virtual, um elemento da dança, que transforma todo o movimento em um gesto de dança.*
> (Langer, 1980, p. 189)

Desta maneira, a dança deve ser considerada a expressão simbólica do sentimento de uma realidade, sendo produzida com base na associação entre gestos de caráter também simbólico, isto é, funcionando como abstração de algo, ou gestos cotidianos de utilidade prática à rotina do homem. Essa associação de gestos, a qual analisarei mais amplamente adiante, trazida para a cena, recebe valor artístico e, portanto, estético, sendo sua contemplação, a *priori*, visual.

Em *Metrópole*, a expressão simbólica que se evidencia diz respeito à realidade cotidiana do homem que vive nos grandes centros urbanos. Dessa maneira, no que tange à representação dos sentimentos desse homem, tem-se como eixo motor os sentimentos que se estabelecem a partir das relações humanas manifestadas na vida real de uma metrópole. Os sentimentos que circundam a realidade cotidiana do homem urbano e, por conseguinte, sua gestualidade cotidiana, são os grandes indutores para a concepção do espetáculo.

    Não apenas o gesto é contemplado, mas outros elementos cênicos também, conforme analisado no primeiro capítulo. O gesto, porém, é o elemento prioritário desta análise. Nesse sentido, ódio, amor, cobiça, desprezo, inveja, possessividade, angústia, dentre tantos outros sentimentos, constituem as fontes de estímulo para a criação do gesto expressivo na dança de *Metrópole*. No trecho em que foram relatadas algumas etapas do processo criativo, enfatizei o trabalho específico com os sentimentos de ódio e amor, entretanto é proveitoso explicar que os sentimentos aqui relacionados não deixaram de participar do referido processo.

    Em função de tudo isso, gestos e sentimentos se misturam na obra coreográfica com o intuito de significar os mesmos gestos e sentimentos que se fazem presentes na realidade. Assim, um andar apressado simboliza a ansiedade do homem, ou um olhar frio, lançado sobre outra pessoa, simboliza o desprezo de que são vítimas os transeuntes pertencentes às classes menos favorecidas. Tais aspectos, ao serem submetidos à proposta da encenação, são redimensionados de acordo com a ideia e concepção pretendidas pelo artista da cena.

    No espetáculo analisado, o real informa por intermédio do virtual. O virtual que se pretende em *Metrópole*, no entanto, não está apenas no real que se revela pelo dia a dia, visível aos olhos de cada um, mas transcende as máscaras humanas do cotidiano comumente observável e deixa cair as paredes que escondem as fraquezas do homem no âmago de seu ser.

Um dos instantes em que esta situação pode ser evidenciada é na cena intitulada *Triângulo*. Nesse momento do espetáculo, três bailarinos, dois rapazes e uma moça, trazem ao palco a situação de uma relação a três. Há um misto de sensações causadas no espectador que é fruto de um misto de sentimentos, seja de desejo, aversão, violência, posse ou ódio, contudo sentimentos que brotam da observação da realidade associada à imaginação dos artistas e se convertem em gestos.

Na verdade, esses sentimentos são imaginados e pesquisados com base em uma observação constante do comportamento humano. A partir dos gestos criados e/ ou recriados há uma significação que muito diz a respeito dos conflitos amorosos marcados pela disputa, pela possessão e pela competitividade que é inerente às grandes metrópoles, nas quais valores como o respeito e a complacência para com o outro já não se encontram em primeira instância.

Outra cena que, como a anteriormente explicada, traz muito dos sentimentos que tomam o homem nas grandes cidades, desvelando os outros "eus" de cada indivíduo, é a cena intitulada *Burguesia*. Nesse momento, os bailarinos, retratando os burgueses que compõem parte da população das metrópoles mundiais, adquirem uma postura austera, um ar de soberba e superioridade que se pretende sério e respeitoso, porém, peca pela falta de escrúpulos e de honestidade, características que emanam da sempre referente competitividade e briga pelo poder.

Todas essas atitudes cênicas, contudo, são como o próprio nome diz, cênicas, isto é, pertencem à cena e, como tal, apenas simbolizam a vida real. O palco do teatro transfigura-se em rua, casa, quarto, bar ou qualquer outra localidade pertencente a uma metrópole. O bailarino transfigura-se em personagem que sente, assim como o ser humano da vida real. Há, portanto, toda uma virtualidade que, enquanto característica da dança, deriva da pesquisa gestual que incorpora um sentimento real ou imaginado, convertido em valor estético e artístico para a encenação daquilo que fora pesquisado.

Das Espetacularidades Urbana e Cênica: A Compreensão Do Gesto Cotidiano E Sua Transfiguração Num Outro Espetacular

Não é possível desvincular a criação em dança da ideia de que toda obra artística carrega em si particularidades inerentes ao seu criador, tanto no que se refere às experiências culturais do seu cotidiano, às suas referências pessoais, ao seu momento artístico e psicológico, quanto no que diz respeito a outras experiências espetaculares por ele vivenciadas.

Para a Etnocenologia, disciplina que propõe o estudo das práticas e comportamentos humanos espetaculares organizados, o homem, ao assumir uma postura fora do usual, encontra-se diante de uma forma extracotidiana de se comportar, sendo essa última uma noção proposta pelo diretor de teatro Eugenio Barba, em seus estudos de Antropologia Teatral[33]. Baseado nas colocações de Mauss (1974) acerca das técnicas corporais, Barba (1995) explica que as técnicas

---

[33] Sobre esse assunto *cf.* Barba, Eugenio; Savarese; Nicola. *A arte secreta do ator: dicionário de antropologia teatral.* Ed. Hucitec: Campinas, 1995.

extracotidianas compreendem as maneiras específicas de usar o corpo no seu contexto comum ao dia a dia.

Os comportamentos caracterizados como extracotidianos e, portanto, espetaculares segundo a Etnocenologia, podem ser melhor compreendidos a partir do entendimento do conceito de espetacular, explicado por Pradier (1999, p. 24) como "uma forma de ser, de se comportar, de se movimentar, de agir no espaço, de se emocionar, de falar, de cantar e de se enfeitar. Uma forma distinta das ações banais do cotidiano". Por outro lado, ainda que o que é chamado de extracotidiano se encontre mais próximo das formas espetaculares de utilização corporal, não posso deixar de ressaltar que, para a Etnocenologia, o cotidiano também pode caracterizar-se como espetacular.

Na verdade, a proposta da Etnocenologia engloba diferentes vertentes do comportamento humano, artísticas ou não. Segundo Bião (1999, p. 18),

> este novo paradigma epistemológico e metodológico, que a Etnocenologia pretende expressar, tem como outros sinais reveladores de sua emergência no domínio dos estudos sobre o teatro, a teatralidade, o cotidiano e a espetacularidade, as também recentes proposições dos "performance studies" por Schechner e Turner, da antropologia teatral por Barba, da abordagem dramatúrgica da vida social por Goffman, da sociologia da teatralização do cotidiano por Maffesoli, dos estudos sobre as relações entre o teatro e o transe fecundados por Leris, da sociologia do teatro de Duvignaud, das experiências transculturais dos espetáculos e oficinas de Grotowiski, Brook e Mnouchkine.

De acordo com esses paradigmas da Etnocenologia, o cotidiano espetacular apresenta uma função estética, porém, esta não é artística. Trata-se de uma espetacularidade, ou de uma esteticidade, que se aproxima mais da função prática, de modo que a estética não está em primeiro plano, mas sim como coadjuvante no processo de busca de uma finalidade cotidiana específica da contemplatividade formal.

Conforme argumentei anteriormente, algumas atitudes práticas podem ser exemplificadas como possuidoras de função estética. Mukarovsky (1993, p. 125) cita, dentre elas, a conduta e as relações sociais, que têm por finalidade "a necessidade de atenuar conflitos, conseguir simpatias, conservar a dignidade pessoal". Tais atitudes podem resultar em comportamentos considerados espetaculares pela Etnocenologia.

Nesta perspectiva, pode-se perceber um caráter de espetacularidade no corpo cotidiano do homem urbano e no dia após dia das grandes cidades de um modo geral. Trata-se de um cotidiano espetacular por sua quase completa frieza, rapidez e indiferença entre os homens. Um cotidiano ao qual os mais espertos sobrevivem em contraste com os menos favorecidos.

Um dos integrantes do espetáculo *Metrópole* faz questão de considerar a necessidade de olhar a vida cotidiana com um enfoque mais espetacular. Para ele, o dia a dia comum do ser humano está contido no espetáculo coreográfico, porém, por estar no palco, tem um caráter de espetáculo, mas sua grande questão é: por que a vida não pode ser vista também como um espetáculo?

> *Isso em cena (o cotidiano), quando a gente coloca, fica muito bacana porque é uma coisa que existe na realidade. Em cena a gente faz quase a mesma coisa, mas aí é que as pessoas vão se tocar do que a gente está falando, porque elas têm uma vida muito corrida e não conseguem ver a si mesmas. A partir do momento em que elas vão ao teatro e vêem as mesmas coisas que experimentam na rua, começam a se encontrar no que fazemos e pensar no cotidiano como algo maravilhoso. [...] se a gente tivesse uma alma um pouco mais de criança, de não conhecer direito as coisas e olhar pra elas um pouco como espetáculo...*
> (Feliciano Marques)

É relevante lembrar, contudo, que nem tudo o que é espetacular é espetáculo; nem tudo o que possui função ou elemento estético possui a intencionalidade artística. Desse modo, ao contemplar a espetacularidade do cotidiano não estamos diante da arte, mas de uma forma específica de manifestação espetacular que apresenta evidenciada, mas não dominante, a função estética.

Por outro lado, como a Etnocenologia contempla o estudo do comportamento humano em diversos âmbitos, o que vem a ser a arte da dança senão um outro espetacular? O fato é que, em sua espetacularidade, a prática artística da dança empresta aos movimentos, sejam eles oriundos do cotidiano ou não, um caráter eminentemente extracotidiano. Por meio da associação entre técnicas e da abstração de gestos corporais a dança cria sua própria ilusão.

Nesse sentido, admitindo a dança como prática espetacular, compreendo que sua composição é fruto de uma associação entre técnicas cotidianas e extracotidianas, sendo a última, a maneira pela qual podem ser caracterizadas as técnicas específicas de dança e/ou outras linguagens corporais.

No caso de meu objeto de estudo, tem-se um espetáculo coreográfico cuja temática abrange o universo cotidiano do homem urbano contemporâneo, de modo que na cena coreográfica, observa-se a presença de gestualidades caracterizadoras desse universo, sendo que a elas são incorporados elementos extracotidianos, isto é, técnicas específicas de dança, constituindo, assim, uma estilização.

Estilo é compreendido como uma maneira particular de expressão, isto é, algo que se caracteriza individualmente. Pareyson (1997, p. 144) argumenta que o estilo

> *tem, sem dúvida, um caráter comum e coletivo que, todavia, não se realiza senão individual e intimamente, já que um estilo não tem outra realidade e outra sede senão as obras individuais que o adotam, interpretam e realizam nelas próprias.*

De acordo com esta peculiaridade, entendo a estilização como uma forma particular de representação de um estilo, no caso do espetáculo, de vários estilos comportamentais que têm por finalidade representar comportamentos reais.

A compreensão dos intérpretes de *Metrópole*, no que se refere a essa estilização, perpassa muito o olhar dos conceitos por mim adotados, ainda que não seja observado nos discursos, uma fundamentação teórica para tal argumentação. Para o ator-intérprete Márcio Moreira, a principal diferença entre a vida real e o espetáculo é também a principal semelhança.

Esse intérprete considera que a presença cênica do corpo cotidiano estilizado pela dança é tão espetacular quanto esse mesmo corpo no seu contexto comum ao dia a dia.

Referindo-se aos bailarinos, argumenta:

> *eles são homens no seu cotidiano, mas no palco se tornam um signo que sofre metamorfose, ou seja, a plateia senta pra enxergar aquele homem, mas se ele está andando na rua ninguém para pra olhar porque ele é um homem como tantos outros. A partir do momento que tu sentas e assistes aquela pessoa no palco, ela ganha uma fantasia, se transforma, de modo que eu acho que a semelhança e a diferença mais absurda no* Metrópole *é o próprio homem.*
> (Márcio Moreira)

Essa adoção do elemento fantasioso é justamente o processo de transfiguração gestual, na qual o gesto, antes prático, recebe diversos tratamentos por meio de técnicas corporais específicas, até atingir a abstração e a qualidade simbólica de representação de algo, porém sem perder as especificidades inerentes ao seu criador pois,

> *tudo, na verdade, é significante no trabalho gestual do ator, nada é deixado ao acaso, tudo assume valor de signo e os gestos, qualquer que seja a categoria a que pertençam, entram na categoria estética. Porém, inversamente, o corpo do ator nunca é totalmente redutível a um conjunto de signos, ele resiste à 'semiotização' como se o gesto, no teatro, conservasse sempre a marca da pessoa que o produziu.*
> (Pavis, 1999, p. 186)

Observa-se assim uma associação de informações que geram características específicas para o trabalho coreográfico em questão. No âmbito das técnicas extracotidianas, pode ser observada uma associação entre movimentos da escola acadêmica de balé construídos e desconstruídos, além de outros advindos de pesquisas corporais, ou seja, uma série de experiências particulares que, conforme identificadas no primeiro capítulo deste livro, são vivenciadas ao longo de uma formação artística ainda em processo. No que tange à utilização do comportamento urbano considerado enquanto prática/ técnica cotidiana, sua presença é observada ao longo do espetáculo nas atitudes posturais adotadas pelos bailarinos em cena.

Relembrando algumas constatações verificadas no segundo capítulo, ressalto que a gestualidade característica desse cotidiano surge como elemento norteador da montagem coreográfica, que traz, a *priori*, uma movimentação simples, uma representação quase mimética do homem na cidade. Ao longo de seu curso, contudo, a coreografia vai crescendo em estilização e adquirindo a virtualidade que torna o gesto ainda mais abstrato. Nota-se, portanto, que o valor utilitário da gestualidade encontra-se presente na coreografia, sendo que, trazido para a espetacularidade estetizada e extracotidiana da dança, assume valor artístico.

Na perspectiva transfiguracional que circunda o estudo da gestualidade do homem urbano na configuração de *Metrópole*, cabe utilizar o conceito de conversão semiótica, proposto por Loureiro (2002, p. 124-5) e a partir do qual compreendo o movimento transformador do gesto para a coreografia.

Esse autor explica a conversão semiótica como

> *o movimento de passagem por meio do qual as funções se reordenam [...]. A conversão semiótica significa o quiasmo de mudança de qualidade simbólica numa relação cultural no momento de sua transfiguração. Ela pode ser observada, por exemplo, na criação artística [...]. Propomos a denominação de conversão semiótica a essa passagem de mudança de qualidade de signos, que resulta do cruzamento e da inversão das funções situadas no alto e no baixo de um fenômeno cultural determinado, parte do movimento dialético de rearranjamento das funções.*

Ao realizar um estudo acerca da cultura amazônica, esse autor verificou a presença de categorias que se voltam para uma situação de transformação, a qual denomina de conversão semiótica. No caso do espetáculo *Metrópole*, pode-se considerar que o gesto, por apresentar uma transfiguração do prático em cênico, sofre uma mudança de função para o sentido estético, que se torna dominante como função, razão pela qual considero esta passagem uma forma de conversão semiótica.

Para os intérpretes de *Metrópole*, essa conversão de um valor a outro, ainda que não seja explicada por fundamentações teóricas, caracteriza muito bem a transfiguração à qual me referi. Um dos entrevistados comenta que o gesto cotidiano está inevitavelmente contido na cena, seja de forma clara e objetiva ou mais abstraída. A conversão semiótica do gesto está presente no espetáculo, porém, cabe ao público ter uma visão mais ampla dos atributos da arte, o que certamente facilitará a interpretação da realidade.

Para quem não sabe do nosso processo talvez não veja nada, mas eu acho que o espetáculo traz uma junção de movimentos normais e cotidianos que passam a ser extracotidianos, uma outra coisa, passam a ser dança, mas ainda estão lá.

(Feliciano Marques)

Outros integrantes consideram que a gestualidade cotidiana da vida urbana é emprestada ao espetáculo, porém, com um outro brilho, tal qual a tinta que continua no quadro, mas revelando-se pintura. Como o primeiro, esses intérpretes também atribuem ao público algumas responsabilidades no sentido do entendimento desse cotidiano na cena da dança.

Pegar todas essas informações e transformar em uma coisa que não é cotidiana, alterá-las ou desmontá-las, tornar tudo uma coisa mais fantástica [...]. A gente usa muito os movimentos do cotidiano. É algo que está muito presente, mas ao mesmo tempo tu tens que ter uma visão mais metafórica da coisa pra enxergar dentro do espetáculo o movimento cotidiano.

(Márcio Moreira)

Eu acho que isso é uma coisa muito subjetiva, cada pessoa tem o seu entendimento do que está vendo. Eu acho que por ser subjetivo, não dá pra ser uma coisa gritante, não dá pra mostrar de cara a que situação aquele movimento faz referência, até porque pode ser uma coisa pra cada um.

(Nelly Brito)

O fato é que as realidades do universo urbano são transfiguradas para a cena coreográfica segundo uma concepção artística e por meio de um processo de conversão semiótica, ou seja, transformação de significados. A espetacularidade do cenário cotidiano urbano real é convertida em cotidiano urbano virtual, representado pela dança, uma outra forma de manifestação espetacular esteticamente concebida.

Jogo De Cena: Uma Leitura Dos Gestos Cotidianos Convertidos Em Gestos De Dança No Espetáculo Metrópole

No espetáculo *Metrópole*, um outro aspecto relevante é o caráter de jogo que nele se evidencia. Tanto seu processo de criação quanto seu processo de encenação são notadamente marcados por características inerentes ao jogo. Como visto anteriormente, sua narrativa fragmentada toma forma a partir de um jogo de construção e desconstrução de imagens e conflitos na perspectiva de criar, por intermédio do roteiro, uma não-linearidade que pode ou não ser presenciada no ciclo de vida das metrópoles.

No que se refere ao jogo no processo e na encenação do espetáculo, observo que há uma forte relação de semelhança, especialmente em se tratando das funções do jogo e das funções do gesto. O jogo em *Metrópole* é a própria combinação de argumentos cênicos, seja no sentido das concepções de narrativa, personagens ou, obviamente, da própria coreografia.

Desde tempos imemoráveis, o jogo faz-se presente nas diversas esferas da vida. Huizinga (1993) adverte que o jogo, mais que um elemento unicamente lúdico, é um elemento cultural, impregnado nas diferentes instâncias da existência humana, como a linguagem, o direito, a guerra, o conhecimento, a poesia e, dentre outras, a arte.

Em seu conceito, o autor argumenta (1993, p.3-4):

> *O jogo é mais do que um fenômeno fisiológico ou um reflexo psicológico. Ultrapassa os limites da atividade puramente física ou biológica. É uma função* significante, *isto é, encerra um determinado sentido. No jogo, existe alguma coisa 'em jogo' que transcende as necessidades imediatas da vida e confere um sentido à ação. Todo jogo significa alguma coisa. [...] o simples fato de o jogo encerrar um sentido implica a presença de um elemento não-material em sua própria essência.*

Isso quer dizer que o jogo não existe por acaso e seu caráter de ludicidade não deve ser considerado puro e simples passatempo. Sua função está muito além do que essa praticidade possa contemplar, seu significado abrange uma função social. Nesse sentido, o autor comenta que o jogo nada mais é que uma metáfora, uma expressão abstrata de algo. Ele "se baseia na manipulação de certas imagens, numa certa 'imaginação' da realidade (ou seja, a transformação desta em imagens)" (Huizinga, 1993, p. 7).

Dentre as funções do jogo, uma me chama mais atenção: o fato deste ser "uma luta por alguma coisa [...]. Mais do que uma realidade falsa, sua representação é a realização de uma aparência: é 'imaginação', no sentido original do termo" (Huizinga, 1993, p. 16-17). De acordo com essas colocações, é possível considerar o jogo como uma espécie de brincar de realidade para além do real; um artifício de associação de elementos que, em conjunto, vem informar o real por meio do virtual.

Nesses parâmetros, a dança também pode ser vista como um jogo entre realidade e imaginação que, através de uma coreografia, transpõe para a cena imagens virtuais simbolizando o real de forma abstraída. Aliás, não somente a dança em si é jogo, mas seu processo criativo também. É durante o processo que se estabelecem as regras do jogo; é nesse momento que são selecionados e manipulados os materiais que serão utilizados no produto a ser encenado. O ato de coreografar é o jogo do processo criativo em dança.

Referindo-se à poesia, Huizinga (1993, p. 149) explica:

> *O que a linguagem poética faz é essencialmente jogar com as palavras. Ordena-as de maneira harmoniosa, e injeta mistério em cada uma delas, de modo tal que cada imagem passa a encerrar a solução de um enigma.*

Tal qual a linguagem poética, a arte da dança joga, mas não com as palavras e sim com os movimentos, além de outros elementos próprios da realidade. O jogo se estabelece entre a proposta de abstração a qual a dança sugere e a execução de um movimento no seu ambiente real, jogo esse que, ao tornar o movimento virtual, torna-o, finalmente, dança.

Em *Metrópole*, o movimento de conversão semiótica do gesto cotidiano em gesto virtual, abstrato e, por consequência, gesto artístico de dança, pode ser compreendido como um jogo coreográfico cujas características aproximam-se da teoria defendida por Huizinga. Esse jogo, que é o próprio processo coreográfico, gera um produto rico em simbologias, as quais, conforme abordado em outros momentos deste livro, remetem ao próprio cotidiano de uma metrópole, que também é uma forma de jogo, vigente nos grandes centros urbanos e nas relações humanas que se estabelecem nesse âmbito.

Com o intuito de favorecer a compreensão da conversão semiótica do gesto evidenciada no espetáculo *Metrópole*, julgo por bem explicar algumas destas simbologias. Assim, com base nas motivações do questionário proposto por Pavis, desenvolvi os parágrafos abaixo seguindo o próprio roteiro do espetáculo e adotando o referido questionário como direcionador para o desenrolar de um texto analítico, útil não apenas para o caso de minha pesquisa, mas para a análise de qualquer espetáculo cênico.

Ressalto, porém, que não apenas a gestualidade coreografada do espetáculo é fruto do jogo entre o real e o virtual. Em *Metrópole*, esse jogo é bastante abrangente, englobando, portanto, a encenação de um modo geral como simbologia do real, isto é, aquilo que Pavis (1999, p. 222) denomina de "jogo de cena", a "ação muda do ator que usa apenas sua presença e seu gestual para expressar um sentimento ou uma situação". No caso em questão é a própria ação gestual do bailarino.

Nos momentos antecedentes a este, foram vistas algumas destas simbologias, de modo que, neste trecho, evidenciarei o gesto, constituinte elementar da dança e enfoque principal desta análise.

Inicialmente, a cortina se abre[34] e os personagens transeuntes já estão em cena pendurados por entre as estruturas de andaimes que compõem o cenário. Neste momento, a gesticulação predominante é fruto das pesquisas particulares de cada intérprete, isto é, são resultantes de trabalhos de improvisação realizados nos laboratórios de corpo que foram parte do jogo do processo de criação do espetáculo. Tais gestos são basicamente uma busca pela exploração do espaço cênico.

Figura 15 – Cena inicial do espetáculo

(Foto: Tarik Alves)

Local: Teatro Experimental Waldemar Henrique, Belém, 2005

---

[34] No caso de encenações em palco tipo arena não há o uso de cortina e a entrada do público no espaço se confunde com o próprio início do espetáculo, em que os personagens transeuntes se encontram distribuídos em pontos estratégicos.

Figura 16 – Cena inicial do espetáculo II

Local: Teatro Gabriel Hermes, Belém, 2003

Figura 17 – Cena inicial do espetáculo III

Gestos transfigurados como imagens do homem aprisionado pelo individualismo que norteia o jogo da vida real evidenciado nos centros metropolitanos.

É possível evidenciar a presença desta individualidade à medida em que se dá a ocupação do espaço cenográfico. Cada intérprete se apropria de um determinado espaço, de tal sorte que a ideia transmitida é a de pequenas situações vivenciadas pelos indivíduos visíveis através das janelas de seus apartamentos.

Em um dado momento, esses intérpretes deixam o local onde se encontravam a princípio e passam a andar apressadamente. O jogo cultural evidenciado nas metrópoles revela-se em cena como forma de tradução do cotidiano. Nesse momento, a transfiguração do gesto prático e cultural (andar) fica bastante clara, pois o que se vê na encenação é um outro andar, não mais com a função cotidiana de locomoção, mas representando essa função de uma forma repleta de intenção artística. É o instante do encontro das semelhanças nas diferenças de cada personagem, conforme argumentado anteriormente.

Paralelamente a isso, entra em cena o personagem central da narrativa, interpretado por um ator que se apresenta como personagem estranho àquela realidade e que, por sua vez, estranha essa mesma realidade. O freio repentino de um automóvel faz com que todos parem bruscamente e permaneçam estáticos por alguns instantes. Apenas o ator permanece em movimento. Seu personagem, cujas características foram abordadas anteriormente e que, neste momento, é alguém que chega pela primeira vez na metrópole, recita um poema criado por dois bailarinos do elenco; um poema que fala dos paradoxos existentes nas metrópoles.

A gestualidade desse ator traduz o deslumbramento e, ao mesmo tempo, o medo e a insegurança de que são vítimas os sujeitos que chegam às grandes cidades. Há um misto de sensações, uma expectativa de encontro com o novo e um espanto com a grandeza desse novo. O sonho do belo dá vez ao impacto com a feia realidade. A situação paradoxal vivenciada pelo personagem está relacionada com a esperança de uma vida melhor e a imediata descrença nessa possibilidade, tendo em vista a enormidade da cidade onde ele acaba de chegar.

Logo a contradição pesa mais para o lado negativo e os primeiros sentimentos se transformam em desesperança, pois aquilo que se pretendia inicialmente é sobreposto pela crueldade das disparidades econômicas e sociais e pela alta concentração populacional que se observa nos meios urbanos mais desenvolvidos.

Após estes momentos introdutórios, é dançada uma sequência coreográfica que alterna as dinâmicas de movimentos transitando entre o tempo lento e o tempo rápido. A sequência é marcada por posturas que "dizem" da busca pelo entendimento de si em meio ao crescimento desordenado e impessoal que caracteriza o desenvolvimento das cidades metropolitanas. Uma das principais influências para a concepção coreográfica desta cena é o conjunto dos gestos referentes a atuação dos operários que constroem as habitações nas grandes cidades. Essas influências, porém, estão ainda associadas a movimentos ilustradores do questionamento do homem urbano acerca de sua realidade.

Durante a cena, que é intitulada *O homem e a metrópole*, o personagem central interage com o novo ambiente no qual está inserido. Os demais personagens dançam até o final da cena de maneira indiferente à presença daquele ser. A cena encerra-se com os transeuntes erguendo os braços para o alto e voltando o olhar para cima, como na busca constante pelo crescimento, pelo progresso.

A esse final, liga-se imediatamente um segundo momento, que traz à tona um triângulo amoroso. Essa cena, mencionada anteriormente e cujo título é *Triângulo*, é marcada por um gestual de conflito entre três indivíduos, uma disputa pelo amor de um deles que, na verdade, é a única representante do sexo feminino. Nesse trecho do espetáculo, instaura-se um jogo entre os três personagens em que é vigente a temática do sexo, do amor e da traição.

Figura 18 – Triângulo

(Foto: Tarik Alves)

Local: Teatro Experimental Waldemar Henrique, Belém, 2005

A transfiguração gestual e cênica de conflitos vigentes nas relações amorosas.

A cena inicia com a mulher de frente para os espectadores e os homens, um em cada flanco (de lado para a plateia e, portanto, de frente para a mulher). Essa mulher é empurrada de um homem a outro até que um deles a lança para o alto, sendo ela amparada pelos ombros de um deles. A partir de então, torna-se constante um jogo de leva e traz em que esse personagem (mulher) é lançada, empurrada, carregada e revirada, atitudes essas que causam a sensação de que ela vive um conflito entre o desejo por um dos homens e o temor pelo outro. Estes, por sua vez, competem entre si pelo amor da tal mulher.

Neste momento, os gestos coreografados são resultados da conversão semiótica dos gestos cotidianos resultantes da complexidade propiciada por relações amorosas desta natureza, porém, como todas as outras gestualidades, é tratada artisticamente. Sua função na cena perde o caráter comum e, a partir de um jogo de composição coreográfica, ganha o valor estético de uma concepção artística, no caso, com base na linguagem da encenação dançada. O final dessa cena é marcado pelo total desprezo do traidor, por parte do homem traído e sua mulher.

O homem abandonado da cena anterior, isto é, o traidor, encontra-se consigo. Trata-se da cena intitulada *Dicotomia*, em que o forte é a expressão simbólica dos sentimentos dicotômicos que constituem o homem na contemporaneidade. O caráter contraditório desse homem é presentificado na cena a partir de uma gesticulação que proponho denominar de gesticulação bifurcada, ou seja, em duas direções, proposta que é configurada pelos movimentos da dança.

Esta gesticulação bifurcada constitui-se de um jogo entre as partes do corpo que atuam em diferentes direções. Um braço que aponta em determinada direção e um olhar que, simultaneamente, se volta para a direção contrária. A concepção dessa coreografia é baseada nas constantes dúvida e divisão que permeiam o comportamento humano e na necessidade que esse homem possui de estar sempre decidindo entre isso ou aquilo.

A conversão desses sentimentos e gestos para a dança fundamenta-se na noção de liderança de movimentos. Na cena em questão, pode-se afirmar que, partindo da presença de diferentes lideranças, ou seja, partes do corpo atuando em sentidos opostos, dá-se a ideia da contradição humana e, por conseguinte, do comportamento gestual humano contraditório.

Posteriormente surge uma cena de grupo que traz à tona o homem e suas mazelas, o questionamento acerca do que é ser homem, sua individualidade e coletividade, o estar sozinho ou acompanhado das informações constituintes de sua personalidade e a necessidade de ser veloz para não ser "atropelado". Esse momento do espetáculo é denominado de *Gente.*

O individual e o coletivo são evidenciados na própria movimentação geográfica no espaço coreográfico. Neste momento, há uma expressão simbólica das igualdades e diferenças entre os homens; ao mesmo tempo em que cada um é um, todos são iguais e são um só, uma só multidão solitária que circula nas avenidas. Os encontros e desencontros observados na coreografia traduzem os encontros e desencontros existentes entre as pessoas.

Outra expressão simbólica interessante da realidade está relacionada mais particularmente com a solidão humana. Os encontros mencionados anteriormente ficam evidentes pela presença dos abraços, toques de carinho e afeto experimentados entre os personagens, entretanto, o outro lado da moeda, a solidão, os desencontros, configuram-se como reflexos da complexidade de relações pouco afetuosas. Enquanto uns se encontram nos abraços e afetos, outros se veem sozinhos, e mesmo aqueles que abraçam ou são abraçados, em seguida se perdem no meio da multidão e da velocidade. O final desta cena é marcado pelo desfalecer de corpos cansados ao chão.

Após este instante, a ideia central passa a ser o comportamento do homem burguês, traduzido na cena intitulada *Burguesia*. O som de uma descarga dá o tom e o clima para as mesquinharias e as falsas ética e moral defendidas pela burguesia, situação que o poema, por sua vez, coloca em evidência também.

Figura 19 – Burguesia

(Foto: Manoel Pantoja)

Local: Teatro da Paz, Belém, 2004

Os sons de flashes fotográficos demarcam as "caras e bocas" da *high society* da metrópole.

O *glamour* que se instaura em torno destes personagens, contudo, é desmistificado pela dura e cruel realidade de gestos como a cobiça do amor alheio, no adultério; a falsa amizade que no fundo é cercada por atitudes maliciosas, como o ato de cochichar no ouvido do outro comentários maldosos acerca do "amigo"; a tentativa de manter as aparências do casal que se desentende, enfim, os jogos de sociedade e as normas de conduta que deflagram as falsas ética e moral.

Ao final desta cena, o personagem central da narrativa já incorporou novos elementos ao seu comportamento, de modo que sua pureza inicial já absorveu ideais políticos. Sua personalidade passa a adquirir um quê de revolta. A ideia é de que o contato com a realidade da metrópole deixou como marca o desejo de rebelar-se contra as "regras" impostas pelo convívio com aquela realidade. É como se, após ter sido impregnado culturalmente, ele atentasse para a necessidade de dizer não àquela forma de normatização. Esse personagem recita trechos de um outro poema, *Ode ao Burguês*, de Mário de Andrade, e sua conscientização se evidencia pela interação entre ele e uma das personagens burguesas. Há um diálogo corporal, um jogo gestual que se faz retrato do conflito entre classes sociais.

O corpo do personagem que representava um indivíduo pertencente à alta classe, entretanto, perde algumas de suas características essencialmente burguesas e dá vez a um corpo multifacetado, símbolo do homem contemporâneo. Em um dos momentos em que o personagem central interfere no comportamento dos demais, ele incorpora novos ideais, como os do personagem central, agora politizado, e passa a se comportar de forma diferente.

Como na cena intitulada *Dicotomia*, o personagem traz consigo a temática do múltiplo, contudo, desta vez, não se trata de uma briga de opostos, mas de uma incorporação de diversas ideias e pensamentos transmutados em gestos corporais. A trilha apresenta um misto de vozes em diversas línguas e o corpo, único enquanto matéria, mas plural em se tratando de informação, é o que norteia a pesquisa de movimentos para a elaboração da coreografia.

Esta cena, denominada *Multilíngua, multicorpo*, começa com uma ânsia de vômito. Aquela que antes era uma burguesa, agora libera pela via oral toda a soberba que lhe consumia na condição de ser humano. A partir deste desprendimento material, o corpo se abre para receber informações e estas são simbolizadas pelos entrelaces que as pernas executam e pela busca de formatos corporais que fogem ao comum.

Mas como o personagem é um ser pertencente à metrópole e, como tal, não se deve deixar tomar por introspecções tão profundas ou será atropelado pelo ritmo acelerado do dia a dia, o multicorpo retoma sua forma normal, adquirindo, posteriormente, novas características. Um som de sirene de fábrica anuncia o cotidiano de um operário, que se confunde com a própria máquina.

O personagem para por alguns segundos e, ao som de uma sirene que pode ser o sinal de uma fábrica, subitamente inicia uma movimentação que, repetidamente, dá a ideia de uma máquina em funcionamento. Vão entrando em cena outros personagens que, assim como o anterior, incorporam-se ao jogo. Serão máquinas? A expressão simbólica desse elemento é evidenciada pela repetição prolongada de uma combinação gestual que lembra a máquina de uma fábrica que não pode parar. O ritmo de tal movimentação inicia no silêncio, de forma mais ou menos lenta, tornando-se frenético e acelerado ao longo das repetições.

O personagem central, conforme especificado no segundo capítulo, a essa altura já absorveu outras informações, de modo que sua caracterização já não é mais de retirante ou de revolucionário. O contato com a metrópole faz com que se torne mais um no meio da multidão e ele se comporta como tal, inclusive conseguindo contemplar alguns aspectos da vida no cotidiano da metrópole. Os trechos do poema de Mário de Andrade ilustram essa ambiguidade de sentimentos. Trata-se de uma apologia à dura realidade do cotidiano metropolitano. "As sujidades implexas do urbanismo" são o próprio "espetáculo encantado da avenida".

Ao longo desta cena, que denomino de *A fábrica*, o personagem central observa tudo cautelosamente, deixando-se contaminar mais ainda por esta "sujidade" e por todos os elementos velozes que compõem o caótico cenário urbano. Ele observa a dança dos operários, porém, sem mais interferir em sua movimentação, já que começa a divagar em uma "viagem" de desespero por conta das imagens que visualiza e da solidão que experimenta.

Ao final da cena, os operários-máquina retomam a mesma gesticulação inicial, desta vez de forma cansada e desiludida, mas ainda há um fio de esperança para a humanidade, que por alguns instantes repensa suas atitudes individualistas. Nessa perspectiva, alguns intérpretes que não estavam atuando na cena das máquinas, dirigem-se aos personagens operários na tentativa de fazê-los voltar à sua mais elementar condição humana, que não é a de funcionar como uma máquina.

Na cidade, a busca por uma maneira mais sadia de se viver é, contudo, uma ilusão. Uma esperança interrompida pela necessidade de continuar o ciclo da metrópole. Sai dia e entra dia, a cidade precisa funcionar e são as pessoas responsáveis por isso. A metrópole não pode parar ou o seu desenvolvimento, que na verdade possui um lado muito destrutivo no que se refere à humanidade, será comprometido.

O personagem central, neste momento absolutamente decepcionado com a ideia da necessidade de permanência da velocidade como motor do ciclo vital da metrópole, traz nas palavras de Mário de Andrade, o símbolo da desesperança. As "monotonias das minhas retinas", enquanto o olhar quase sempre igual que cada indivíduo da população lança para a cidade, mostram o quanto são "horríveis as cidades", que nelas há "vaidades e mais vaidades" e que "a grande boca de mil dentes" devora aquele que não entra no jogo de seu ciclo.

Ao longo desta cena, a qual intitulo *Fragmentos de urbanidade*, este personagem, em meio à multidão de transeuntes que dançam, absorve mais e mais as dores e angústias do homem urbano contemporâneo, passando a transmitir a ideia do desencadeamento de um processo de loucura. Ele é vítima da escravidão que permeia o perverso ciclo metropolitano. Os bailarinos, por sua vez, executam uma coreografia instigante, também cheia de encontros e desencontros, cheia de contradições, mas principalmente, indiferente ao desespero do personagem central.

A movimentação coreográfica traz à cena diversos signos gestuais, sendo que a forma como são executados, isto é, o ritmo frenético da coreografia, é o que torna mais evidente a conversão semiótica da realidade. Nessa cena, o que existe de fato é uma miscelânea de simbologias dos sentimentos que são explorados ao longo de todo o espetáculo, além de uma curiosa interação com os pneus do cenário, o que torna a dança ainda mais viva, de tal sorte que os próprios pneus, incorporados à gestualidade dos bailarinos, ganham vida por serem utilizados com outra finalidade que não a sua original.

O final desta cena, que já é o final do espetáculo, traz de forma nítida a noção do ciclo. Os intérpretes a terminam da mesma forma como a iniciaram, isto é, agrupados no centro do espaço cênico. Quando o personagem central dá a deixa, os olhos se fecham.

O personagem central, por sua vez, termina o espetáculo incorporado ao desvario da cidade. As amarras da metrópole, sugeridas no início do espetáculo, o tomam em loucura e solidão em meio aos transeuntes, tal o chamado *homem da multidão* de Edgar Allan Poe, conforme me referi em outro momento. O "ser original" é encarcerado, como no poema introdutório do espetáculo.

De um modo geral, observa-se que, ao longo de toda a encenação de *Metrópole*, como ao longo do seu processo de criação, faz-se marcante a existência de jogos entre a realidade e a virtualidade da dança. Pode-se dizer que, durante o processo, há um jogo entre o real e suas diversas possibilidades de transfiguração. Já no momento da encenação, ou seja, realização do produto artístico, a vida real é jogada por meio do jogo de cena e este, dessa forma, elemento culturalmente impregnado no cotidiano do homem, passa a ser mais um elemento extracotidiano e, por conseguinte, estético, artístico e virtual.

4 Considerações finais

Na experiência de um processo criativo em dança, o gesto é o componente básico e elementar. Ele é a célula da qual parte o jogo coreográfico, que funciona de maneira semelhante à constituição de um ser humano. No surgimento da vida, aos poucos são incorporadas diversas células ao organismo em formação, originando órgãos e sistemas. No caso da criação de uma dança, há a incorporação de diferentes células, as quais juntas compõem os órgãos e sistemas constituintes do ser que, nesse caso, é a própria coreografia.

Ao longo desta pesquisa, observou-se que ao gesto na dança, isto é, à célula coreográfica, atribui-se um valor eminentemente estético. Ele é fruto do real que, tratado artisticamente, se transforma em dança. Sua representação, portanto, não se dá de forma mimética e, exatamente como a ideia da ação de representar, ou seja, reproduzir alguma coisa com auxílio de imagens e/ ou símbolos, é algo ilusório, virtual.

Neste sentido, por ser a dança virtual,

> *como toda arte, ela não pode abrigar qualquer material bruto, nem coisas nem fatos, em seu mundo ilusório. A forma virtual tem de ser orgânica e autônoma e divorciada da realidade. O*

que for que entre nela, fá-lo em radical transformação artística: seu espaço é plástico, seu tempo é musical, seus temas são fantasia, sua ação, simbólica.

(Langer, 1980, p. 214)

Este divórcio, porém, é algo que se estabelece sem que haja uma perda total de vínculo com aquilo a que se pretende representar. Na verdade, há um distanciamento do real no sentido de não se perder o valor estético da arte. Não há compromisso com a fidelidade ao real, tanto na elaboração quanto no ato da representação, mas ele continua lá, imbricado na obra.

Foi nessa perspectiva que os modernistas proferiram o argumento de que não havia razão para se fazer arte por meio de representações fiéis da realidade, já que a fotografia poderia fazê-lo com muita precisão. No modernismo, aliás, o belo não era a reprodução da realidade, mas sua recriação, sua abstração. Em contrapartida, o movimento pós-moderno, complementando a proposta dos modernistas, abrangeu essa abstração não apenas com base na realidade, mas também partindo de outros motivos, até mesmo mais abstratos.

Com base nessas considerações, então, observa-se que o processo de criação do espetáculo *Metrópole* tem como referências características de ambos os movimentos. Sua concepção, por estar baseada na realidade, traz esse aspecto do modernismo como norteador. Por outro lado, um aspecto que conduz esse espetáculo, conforme verificado, é o pensamento pós-moderno na dança, o que me leva a concluir que, por essa e outras razões, a serem explicitadas, em *Metrópole*, algumas características do movimento da pós-modernidade encontram-se presentes no seu processo criativo.

A realidade em que *Metrópole* se baseia é a realidade cultural urbana. Aliás, em minha análise, levantei a hipótese inicial de que os gestos na dança do espetáculo foram abstraídos a partir do cotidiano urbano, o que realmente aconteceu. Tal constatação, porém, em primeira instância me pareceu um trabalho de abstração puramente gestual, isto é, a concepção coreográfica teria partido de gestos comuns executados por pessoas comuns à realidade cotidiana das grandes cidades.

De fato, essa hipótese foi confirmada ao longo da pesquisa, contudo, em razão de *Metrópole* abordar principalmente as relações humanas das realidades urbanas, julgo proveitoso complementar minha conclusão com o entendimento de que o espetáculo parte da realidade, mas não somente de gestos reais.

Sem deixar de reiterar a importância do gesto como enfoque principal de minha análise, fundada nos processos de criação e encenação do referido espetáculo, observei que nele, as células coreográficas são também frutos dos sentimentos que se estabelecem no convívio real entre as pessoas que habitam em uma grande cidade, mais do que uma representação ou abstração pura de gestos reais.

Metrópole está além do gesto. O que se traz para a cena não é somente uma representação gestual artística do executivo, do guarda de trânsito, do motorista de táxi ou do vendedor ambulante. Nem tampouco uma representação desses indivíduos na sua essência, isto é, uma mimese, mas sim uma representação generalizada do meio urbano e, principalmente, dos conflitos e experiências que a vivência em ambientes dessa espécie geram entre as pessoas.

Mais do que unicamente uma transfiguração gestual, *Metrópole* é um processo de transfiguração do ambiente urbano para a cena. Nesse sentido, a abstração existente no espetáculo não é unicamente a abstração do real, como no modernismo, mas, por enfatizar sentimentos como vetores coreográficos, é também uma abstração de outras abstrações, como propõe o pós-modernismo.

De forma ainda mais sensível à questão, pode-se admitir que, na realidade, o sentimento é aquilo que gera o gesto. Sentir dor nos faz adotar um comportamento gestual que revela essa dor. É essa relação entre gesto e sentimento que se evidencia na criação de *Metrópole*. Ao coreografar a ideia de um sentimento, que já é algo abstrato, origina-se um gesto que, cotidianamente, é considerado real, mas torna-se abstrato e virtual por ser elemento constitutivo de um espetáculo cênico, o que se estabelece a partir da arte de abstrair movimentos, ou seja, da arte de criar dança.

Assim, conforme argumentei, o divórcio entre a arte e a realidade não é uma situação radical, tampouco um momento de desvinculação. A realidade urbana, no caso desse espetáculo, é algo que já está imbricado tanto no fazer coreográfico, quanto nas atitudes dos intérpretes. Essa imbricação é, conforme defendido ao longo de todo este livro, a própria impregnação cultural do ser, conceito que admite os determinismos culturais nos níveis psicológico, imaginário e comportamental, mas prioriza e enfatiza o aspecto motor desses determinismos, ou seja, aquilo que se torna visível no gestual corporal. Dessa maneira, tal qual o gesto, o sentimento também pode ser considerado algo que se impregna culturalmente em um indivíduo.

A impregnação cultural, portanto, é indissociável do ser humano. Por ser evidenciada no corpo, participa de todo fazer coreográfico. No caso de *Metrópole*, a impregnação cultural encenada pelos intérpretes é condizente com a impregnação cultural evidenciada nos centros urbanos. Contudo, além de, pela representação, o elenco acentuar o tipo específico de impregnação cultural a qual se pretende demonstrar, ressalto que este é constituído de pessoas que vivem uma realidade urbana globalizada, muito próxima à realidade das grandes metrópoles, o que implica presença real e, ao mesmo tempo cênica, de suas respectivas impregnações.

Hoje em dia, essas impregnações encontram-se em estreita relação com os avanços tecnológicos. Segundo estudiosos das artes do corpo, a normalização dos indivíduos se deve, predominantemente, à presença da tecnologia no cotidiano. Por essa razão, concluo que aquilo a que denomino impregnação cultural se processa na contemporaneidade a partir da influência dessas novas tecnologias. Ao fazer referência a esse processo na atualidade, então, observo que na dança de um modo geral e, por conseguinte, em *Metrópole*, há uma estreita relação do corpo impregnado de tecnologia com as práticas coreográficas.

Spanghero (2003, p. 23), propõe considerar esse corpo ao qual me refiro como um lugar de trânsito ou mídia. Segundo a autora, há um *entendimento coevolutivo entre homem e ambiente, corpo e máquina, carbono e silício. O corpo é o lugar permanente do trânsito entre natureza e cultura. [...] é mídia de seu estado, do jeito que as informações ali se organizaram. O corpo expressa o que ele é.*

Em função deste entendimento, portanto, na prática da dança atual vem sendo muito comum observar trabalhos cujas pesquisas derivam da correlação corpo e tecnologia. O vídeo e o computador, dentre outros implementos tecnológicos, vêm contribuindo sobremaneira nas produções artísticas de diversos coreógrafos, seja por meio da sua utilização para se chegar a encenação ou até mesmo de seu uso na própria encenação. Porém, compreender o estabelecimento do conceito de impregnação cultural no contexto das produções artísticas da contemporaneidade é algo que suscita a possibilidade de novas pesquisas.

Nesta perspectiva, entende-se que a evolução do homem, que se manifesta visualmente no seu corpo, acompanha a evolução tecnológica e vice-versa. O corpo do ser humano contemporâneo é, genericamente falando, um corpo tecnológico, isto é, um corpo que recebe informações variadas graças à convivência com aparatos e implementos dos quais vem se tornando cada vez mais dependente. Tudo isso se deve, entretanto, aos sucessivos processos de adaptação pelos quais o homem tem passado ao longo dos tempos, processos esses cada vez mais velozes e intensos.

Couto (2000, p. 95) explica que

> *o lugar da técnica e das máquinas pode ser observado em três momentos complementares. O primeiro está associado ao incremento dos meios de transporte; o segundo, ao desenvolvimento dos meios de comunicação; e o terceiro, num momento especial para o homem deste fim de milênio, é a integração das máquinas que invadem e aceleram o corpo.*

No período em que vivemos, essas máquinas implicam diversas formas de comportamento gestual, necessidades e também luxos de cada indivíduo. O corpo passa a atuar conforme o grau de presença e existência do universo tecnológico no seu cotidiano. Se o avião ocupa a função de pernas para locomover uma pessoa até outra cidade, a *internet* ocupa o lugar do avião, de modo que o órgão motor de locomoção humana passa a ter sua função cada vez menos utilizada e, consequentemente, mais comprometida. De certa forma, a impregnação cultural tecnológica vem propiciando ao homem comodidade e indolência.

Por outro prisma, contudo, essas máquinas colocam o homem em uma situação de inconstância. Se ora ele é poupado fisicamente por contar com a presença desses objetos, ora ele adquire um comportamento que se pretende tão veloz quanto os mesmos. Aparatos tecnológicos passam a ser acoplados ao corpo humano, cujo comando cerebral passa a administrá-los como se fizessem parte de sua constituição biológica. Distâncias passam a ser medidas não mais por quilômetros, mas por horas, minutos e até mesmo segundos. O homem vive uma luta contra o tempo, desejando vencer o relógio, podendo, então, nessa conjuntura, ser classificado como ser humano e ser humano "maquinado".

Essa maquinaria à qual me refiro, capaz de proporcionar ganho de tempo e conforto, individualiza o homem, tornando-o cada vez mais impessoal e variante, pois muitas e muito rápidas são as mudanças às quais precisa se adaptar em função da pressa ou da comodidade. Por essa razão, Couto (2000) denomina a situação dos indivíduos da contemporaneidade de nomadismo.

Neste cenário, então,

> a rapidez é a tônica e o dinamismo dos meios eletrônicos produz um estado contínuo de excitação nos indivíduos. O fascínio contemporâneo pela técnica, pelo movimento e pelas imagens instala o homem no seio de tudo o que é provisório.
>
> (Couto, 2000, p. 96)

Estas considerações reportam-me ao conceito de identidade cultural na pós-modernidade, suscitado e discutido neste livro. Em função disso, constatei que um dos aspectos de *Metrópole* se aproxima desta visão do homem impregnado pela cultura veloz da tecnologia. Trata-se da visível inconstância personificada pelos intérpretes.

Em *Metrópole*, há uma alusão à situação contemporânea do homem no mundo, uma representação do cotidiano atual real das urbes. Os intérpretes, como os personagens representados no espetáculo, são os próprios homens urbanos da contemporaneidade, permanentemente impregnados da tecnologia que implica fazeres, formatos e nomadismos do corpo, dentre outros aspectos. Assim, ampliar a investigação deste espetáculo com base na influência tecnológica no processo de impregnação cultural do indivíduo metropolitano, pode ser um dos desdobramentos da pesquisa que aqui se apresenta. Uma perspectiva de lançar mão de um olhar antropológico sobre essas condições na contemporaneidade.

Por outro lado, procurando aliar teorias artísticas à minha prática de composição coreográfica, a possibilidade de criação de um novo espetáculo partindo dos conceitos estudados e propostos na dissertação que desencadeou este livro, também como sugestão de desdobramento, é algo que se lança como desafio instigante e motivador. Acredito que minha pesquisa acadêmica deva exercer plena influência sobre meus vindouros fazeres artísticos, tanto no que tange à forma quanto à temática da obra, implicando construção de estratégias metodológicas de criação e ensino em dança e concordando, então, com os novos paradigmas da relação entre teoria e prática e, por conseguinte, arte e ciência.

Desta maneira, estudar a impregnação cultural tecnológica do homem que dança na contemporaneidade e suas implicações estéticas na prática desta arte é algo que pode estar aliado à composição cênica de um novo espetáculo coreográfico que se utilize da tecnologia em seus processos de criação e encenação. A partir da associação dessa composição aos conceitos e teorias aqui estudados, atingir-se-ia um alto grau de cumplicidade entre teoria e prática de dança, redimensionando a relação arte e ciência citada.

Além disso, tal estudo seria, possivelmente, um desvelar de outras transfigurações gestuais, provenientes do meio tecnológico. De forma ainda mais ousada, porém, o enfoque analítico desta proposta poderia ser voltado para uma outra espécie de transfiguração, não mais referente ao gestual humano, mas sim aos valores e funções estéticas e, por conseguinte, artísticas, vigentes na utilização de implementos tecnológicos antes e durante as encenações coreográficas, de modo a verificar as diversas funcionalidades das próprias máquinas nesses diferentes contextos.

De certa forma, portanto, todos esses desdobramentos sugeridos, a exemplo do que se processa em minha pesquisa de mestrado e, consequentemente, neste livro, podem ser considerados modos de associar à prática da arte, o teor científico de uma pesquisa acadêmica, pois se hoje o propósito da ciência perpassa os caminhos da arte, esta, por sua vez, vem percorrendo os caminhos daquela no sentido de sua fundamentação e reflexão teórica.

Com isso, observa-se que a pesquisa artística de cunho científico, sem deixar de garantir ao artista a permanência dos seus propósitos particulares, como o ato de incomodar por meio de sua criação, é capaz de propiciar ao criador a oportunidade de incomodar não apenas o espectador, mas também a si mesmo. De forma concomitante à prática, a teoria artística pode ser considerada causadora da inquietude e do questionamento do artista acerca de sua própria arte, corroborando um dos pensamentos fundadores do fazer artístico na contemporaneidade.

Tomando por base esse entendimento, conclui-se ainda que, associar teorias às práticas criativas em arte é como coreografar buscando elementos essenciais à abstração na realidade cotidiana. É como dar ao abstrato da arte, suporte e pressupostos de fundamentação, garantindo ao processo de criação um ritmo pulsante e livre, mas sem deixar de estar vinculado a uma forma de realidade. Um ritmo pulsante e livre como a própria recriação das verdadeiras cidades na ilusão do espetáculo *Metrópole.*

5 Referências

ANDRADE, Mário de. *Poesias completas.* 6. ed. Belo Horizonte, Ed. Itatiaia, 1980.

_____. *Pauliceia Desvairada.* In: *Mário Raul de Moraes Andrade.* Disponível em: <http://www.geocities.com/SoHo/Nook/4880/marioint.htm>. Acesso em: 15.jun.03.

BARBA, Eugenio & SAVARESE, Nicola. *A arte secreta do ator:* dicionário de antropologia teatral. Campinas, Ed. Hucitec, 1995.

BERMAN, Marshall. *Tudo que é sólido se desmancha no ar:* a aventura da modernidade. Trad.: Carlos Felipe Moisés e Ana Maria L. Ioratti. São Paulo, Companhia das Letras, 1986.

BIÃO, Armindo. *Etnocenologia, uma introdução.* In: *Etnocenologia:* textos selecionados. GREINER, C; BIÃO, A. (orgs). São Paulo, Annablume, 1999.

CALVINO, Ítalo. *Seis propostas para o próximo milênio.* Trad.: Ivo Barroso. São Paulo, Companhia das Letras, 1990.

COLÉGIO MODERNO. *Coisas de Estudante.* Coletânea de textos literários. Belém, Ícone Gráfica e Editora, 2003.

COUTO, Edvaldo Souza. Paul Virilio e Sterlac: o corpo como lugar das tecnologias avançadas. In: *Temas em contemporaneidade, imaginário e teatralidade.* BIÃO, A.;PEREIRA, A.; CAJAÍBA,

L. C.; PITOMBO, R. (orgs). São Paulo, Annablume e Salvador, GIPE-CIT, 2000.

DANTAS, Mônica. *Dança:* o enigma do movimento. Porto Alegre, Ed. Universidade/ UFRGS, 1999.

DAWKINS, Richard. *O rio que saía do Éden:* uma visão darwiniana da vida. Trad.: Alexandre Tort. Rio de Janeiro, Rocco, 1996.

_____. *O gene egoísta.* Trad.: Geraldo H. M. Florsheim. Belo Horizonte, Itatiaia, 2001.

DURAND. Gilbert. *As estruturas antropológicas do imaginário:* introdução à arquetipologia geral. Trad.: Helder Godinho. 3. ed. São Paulo, Martins Fontes, 2002.

GEERTZ, Clifford. *A interpretação das culturas.* Rio de Janeiro, LTC Editora, 1989.

HALL, Stuart. *A identidade cultural na pós-modernidade.* Trad.: Tomaz Tadeu da Silva e Guaracira Lopes Louro. 7. ed. Rio de Janeiro, DP&A, 2002.

HARVEY, David. *Condição pós-moderna.* 10.ed. Trad.: Adail Ubirajara Sobral e Maria Stela Gonçalves. São Paulo, Edições Loyola, 2001.

HUIZINGA, Johan. *Homo ludens:* o jogo como elemento da cultura. 4. edição. Trad.: João Paulo Monteiro. São Paulo, Perspectiva, 1993.

IANNI, Octavio. *Tipos e mitos da modernidade:* seminário de literatura. Belém, Instituto de Artes do Pará, 2001.

JAKOBSON, R. *Linguística e comunicação.* São Paulo, Cultrix, 1969.

KATZ, Helena & GREINER, Christine. A natureza cultural do corpo. In: *Lições da dança 3.* SOTER ,S; PEREIRA, R. (Orgs). Rio de Janeiro, UniverCidade Editora, 2002.

LECHTE, John. *Cinquenta pensadores contemporâneos essenciais:* do estruturalismo à pós-modernidade. 2. ed. Trad.: Fábio Fernandes. Rio de janeiro, DIFEL, 2002.

LOPEZ, Telê Ancona. Arlequim e modernidade. In: *Mariodeandradeando.* São Paulo, Hucitec,1996. Disponível em: <http://acd.ufrj.br/pacc/literaria/arlequim.html>. Acesso em: 15. dez.2003.

LOUREIRO, João de Jesus Paes. *Elementos de estética.* 3. ed. Belém, EDUFPA, 2002.

LANGER, Susanne. *Sentimento e Forma.* São Paulo, Perspectiva (Coleção Estudos), 1980.

MAFFESOLI, Michel. *A transfiguração do político:* a tribalização do mundo. Trad.: Juremir Machado da Silva. Porto Alegre, Sulina, 1997.

MATOS, Lúcia. Corpo, identidade e dança contemporânea. In: *Cadernos do GIPE-CIT.* Salvador, n°. 10. Junho de 2000.

MAUSS, Marcel. Noção de técnica corporal. In: *Sociologia e Antropologia.* São Paulo, EPU, 1974.

MERLEAU-PONTY, Maurice. *Fenomenologia da percepção.* 2. ed. Trad.: Carlos Alberto Ribeiro de Moura. São Paulo, Martins fontes, 1999.

METRÓPOLE. Produção de Augusto Rodrigues. Belém, A.R. Produções, 2003. 1 fita de vídeo (40 min), VHS, son., color.

MORIN, Edgar. *O paradigma perdido*: a natureza humana. 6. ed. Trad.: Hermano Neves. Sintra, Publicações Europa,2000.

_____. *O método 4 – As ideias.* Trad.: Juremir Machado da Silva. Porto Alegre, Sulina, 2001.

MUKAROVSKY, Jan. *Escritos sobre estética e semiótica da arte.* Lisboa, Estampa, 1993.

OLIVEIRA, Ivan Carlo Andrade de. *Teorias da comunicação.* Pará de Minas, M&M Editores, 2003. Disponível em: <http://www.virtualbooks.terra.com.br>. Acesso em: 16.jan.2004.

OSTROWER, Fayga. *Criatividade e processos de criação.* Petrópolis, Vozes, 1987.

PÁDUA, Elizabeth Matallo. *Metodologia da pesquisa:* abordagem teórico-prática. 2. ed. Campinas, Papirus, 1997.

PAREYSON, Luigi. *Os problemas da estética.* Trad.: Maria Helena Nery Garcez. 3.ed. São Paulo, Martins Fontes, 1997.

PAVIS, Patrice. *Dicionário de teatro.* Trad.: J. Guinsburg e Maria Lúcia Pereira. São Paulo, Perspectiva, 1999.

_____. *A análise dos espetáculos.* Trad.: Sérgio Sálvia Coelho. São Paulo, Perspectiva, 2003.

POE, E. Allan. *O homem da multidão.* Disponível em: <http://www.modernidade.htm>. Acesso em: 14.jan.2004.

PRADIER, Jean-Marie. Etnocenologia. In: *Etnocenologia:* textos selecionados. GREINER, C.; BIÃO A. (orgs). São Paulo, Annablume, 1999.

PROGRAMA DO ESPETÁCULO *METRÓPOLE.* Redação e Organização: Ana Flávia Mendes. Impressão: Delta Gráfica e Editora. Belém. Março, 2004.

RIBEIRO JÚNIOR, Wilson Alves. *Grécia Antiga.* ISSN 1679-5709 (Revista Eletrônica): São Carlos, SP, 1997. Disponível em: <http://ward.med.br>. Acesso em: 14.nov.2003.

RODRIGUES, Graziela. *Bailarino – pesquisador – intérprete:* processo de formação. Rio de Janeiro, Funarte, 1997.

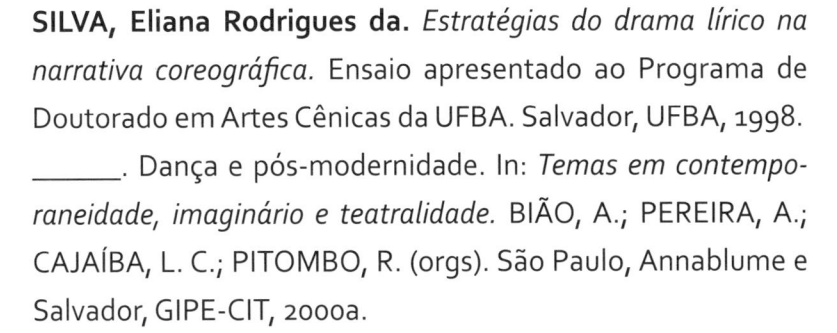

SILVA, Eliana Rodrigues da. *Estratégias do drama lírico na narrativa coreográfica.* Ensaio apresentado ao Programa de Doutorado em Artes Cênicas da UFBA. Salvador, UFBA, 1998.

_____. Dança e pós-modernidade. In: *Temas em contemporaneidade, imaginário e teatralidade.* BIÃO, A.; PEREIRA, A.; CAJAÍBA, L. C.; PITOMBO, R. (orgs). São Paulo, Annablume e Salvador, GIPE-CIT, 2000a.

_____. *Grupo Tran Chan:* princípios da pós-modernidade coreográfica na dança contemporânea. Tese (doutorado). Programa de Pós-graduação em Artes Cênicas. Salvador, UFBA, 2000b.

SPANGHERO, Maíra. *A dança dos encéfalos acesos.* São Paulo, Itaú Cultural, 2003.

THIOLLENT, Michel. *Metodologia da pesquisa-ação.* São Paulo, Cortez Editora, 1985.

VIVALDI, Antonio. *As quatro estações.* Conduzido e interpretado por Anne-Sophie Mutter. Hamburgo, Deutsche Grammophon GmbH, 1999. 1 CD (46 min).

APÊNDICE
DIÁLOGOS DE ORIENTAÇÃO

Reunião dos principais pontos dos Diálogos de Orientação, gravados em sessões de trabalho, durante o período de desenvolvimento desta pesquisa. Tais trechos foram incluídos funcionalmente ao corpo do texto desta obra, por sugestão do orientador, Professor Dr. João de Jesus Paes Loureiro.

1) ORIENTADOR – *O que é a dança para você?*
ORIENTANDA – A dança para mim é uma forma de expressão do corpo através da combinação de movimentos. Ela pode possuir função ritualística, de diversão ou artística, mas sempre está relacionada com a simbologia corporal de algo concreto ou abstrato. É uma forma de expressar simbolicamente o pensamento do corpo.

2) ORIENTADOR – *O que é mais estimulante para você: dançar ou coreografar?*
ORIENTANDA – As duas coisas são estimulantes, contudo, não sei se é dificuldade ou preferência, mas coreografar para mim mesma é algo que não me dá tanto prazer, em contrapartida, coreografar para outras pessoas, me encanta. Gosto de extrair dos outros aquilo que eu imagino, só que da

maneira deles, mas também adoro dançar coisas coreografadas por outros, adoro ser dirigida.

3) ORIENTADOR – Coreografar é dançar imaginariamente?
ORIENTANDA – *Acho que coreografar é criar dança imaginariamente. Coreografar é dar asas à imaginação, mas sem tirar os pés do chão, pois sempre deve existir um certo cuidado com as limitações do intérprete e uma adequação à proposta do trabalho, para não fugir do contexto da coisa.*

4) ORIENTADOR – Você costuma teorizar sobre sua prática coreográfica? E na dança?
ORIENTANDA – *Normalmente meus trabalhos sempre têm um cunho teórico, isto é, eu sempre desenvolvo uma pesquisa, leio, assisto vídeos, escrevo sobre, enfim, procuro informações além daquilo que já conheço ou imagino sobre o assunto e a forma como materializá-lo. Se isso pode ser considerado teorizar, admito que sim. Porém, se existir a necessidade deste teorizar vir acompanhado de uma organização sistematizada, digo, escrita, do desenvolvimento da atividade, então devo admitir que a pesquisa do mestrado é a primeira teorização sobre minha prática coreográfica, assim como é para a dança.*

5) ORIENTADOR – Como você entende o improviso?
ORIENTANDA – *Improviso significa o resultado da improvisação, isto é, no caso da dança, é resultado da execução não pensada de um gesto ou movimento. O improviso é algo que se cria sem um planejamento prévio, dispondo apenas da criatividade momentânea.*

6) ORIENTADOR – O improviso artístico é uma improvisação?

ORIENTANDA – O improviso artístico possui uma conotação um pouco diferente. Penso que o improviso brote de uma ideia inicial e não do nada. Se levarmos em consideração o improviso no ato da encenação, no momento exato da cena, devemos compreender que, certamente, o bailarino não saiu executando movimentos sem se fundamentar acerca do que iria fazer. Acho que o improviso pode ser usado como artifício tanto para a encenação, o produto artístico, quanto para a pesquisa de movimentos, isto é, como técnica de pesquisa de movimento. Nesse último caso, ao chegar na encenação, ele já não será uma improvisação, mas o resultado de uma improvisação realizada durante um processo criativo. O fato é que o improviso artístico não surge do nada.

7) ORIENTADOR – Sem uma base técnico-conceitual é possível realizar uma boa improvisação, por exemplo, na dança?

ORIENTANDA – Acredito que não. Não somente para o improviso, mas para a dança de um modo geral, possuir embasamento técnico e conceitual é uma necessidade essencial. É como diz aquela célebre frase: "a dança é o pensamento do corpo". Como é que um bailarino pode saber tecnicamente o que está fazendo e não possuir uma opinião, um conceito sobre o que faz? Por outro lado, sem o aprendizado de técnicas, como ele poderá desenvolver uma ideia, um pensamento ou conceito? As duas coisas se completam. No caso da improvisação, a base técnico-conceitual tem por finalidade sustentar a possibilidade de existência de um trabalho com qualidade. O conceito sustenta *filosoficamente e a técnica é um artifício de materialização do mesmo, mais ou menos como a ideia de forma e conteúdo, o que nos leva a constatar que ainda que o bailarino proponha uma improvisação, certamente existe um embasamento para aquilo, uma ideia do que se vai fazer. Não é uma coisa aleatória.*

8) ORIENTADOR – Como você sente a dança contemporânea em relação ao seu processo de criação?
ORIENTANDA – Acredito que em termos de dança contemporânea eu ainda esteja engatinhando, isto é, meu processo de criação nesta categoria de dança ainda pode ser considerado bastante imaturo, contudo, devido à intensa atração que esta forma de criar vem exercendo sobre minha maneira de pensar, creio que meu processo de criação em dança contemporânea esteja sendo contínuo e progressivo, tanto que as ideias não param de brotar.

9) ORIENTADOR – Você acha que a dança contemporânea significa uma exclusão do balé, isto é, há um antagonismo entre essas duas linguagens?
ORIENTANDA – Penso que em alguns aspectos sim. Por exemplo, a estruturação dos movimentos que encontramos em uma coreografia de balé é bastante diferente daquela percebida na dança contemporânea, isto é, no balé, há uma beleza etérea onde os executantes parecem seres celestiais e a combinação lógica dos passos, quase como uma equação matemática, parece algo praticamente impossível de ser executado, muito além da capacidade dos meros mortais.

Em contrapartida, na dança contemporânea, os bailarinos parecem seres humanos de carne e osso e a dança, fruto de uma combinação geralmente simples, fica mais próxima das possibilidades de qualquer um e nem por isso deixa de ser considerada bela. Por outro lado, não creio que, na dança contemporânea, haja necessidade de excluir o balé. É claro que essa técnica não deve ser o único artifício para a composição coreográfica, mas é importante salientar que determinados movimentos tornam-se muito mais "limpos" se trabalhados a partir da mesma. O balé pode sim ser incorporado às coreografias contemporâneas, aliás, se observamos as características da dança contemporânea segundo os teóricos dessa corrente, notaremos uma clara argumentação de que, neste tipo de dança, todo e qualquer recurso corporal é válido para a composição. Em algumas situações, creio que, por razões de gosto ou preferência, alguns coreógrafos contemporâneos tendem a negar veementemente o balé, contrapondo-se às teorias que o preveem como um elemento do passado possível e útil para coreografar na contemporaneidade. Acreditando nas concepções teóricas da arte contemporânea, entretanto, pensamos ser o balé um artifício muito significativo para composições de dança contemporânea, desde que pensado e devidamente adequado de acordo com as propostas coreográficas.

10) ORIENTADOR – Você considera que numa coreografia de linha contemporânea existe maior liberdade pessoal de expressão?
ORIENTANDA – Certamente. A liberdade de criação que a dança contemporânea propicia dá ao coreógrafo e ao próprio intérprete

a possibilidade de incluir-se na obra, especialmente pelo fato de qualquer gesto ser um elemento passível de se discorrer coreograficamente sobre. Inclusive na dança contemporânea, o bailarino, enquanto intérprete da obra, tem a oportunidade de se colocar com muito mais propriedade na dança, tendo em vista uma espécie de compromisso de cocriação que assume no momento do processo coreográfico.

11) ORIENTADOR – **Quando você coreografa ou dança no estilo contemporâneo, você sente que se está expressando com maior individualidade?**
ORIENTANDA – Sim. Acredito que a dança contemporânea possibilite que eu extraia de mim a maioria dos elementos ou motivos coreográficos, ou ainda, os próprios movimentos. Quando crio para outros, me sinto ainda mais realizada. É como se as pessoas conseguissem adentrar minha imaginação, comungando das minhas ideias. Isso acontece de uma forma tão prazerosa que os bailarinos acabam contribuindo para minha criação, eles suscitam novas possibilidades de movimentos e, então, acontece um casamento entre nós por meio da dança. O que existe mesmo é uma individualidade compartilhada com os bailarinos.

12) ORIENTADOR – **Você acha que o estilo de dança contemporânea é a forma coreográfica mais adequada para a temática do Metrópole?**
ORIENTANDA – Sim, porque assim como uma metrópole é algo mais fragmentado, a maneira de se criar coreografias a partir

da dança contemporânea também é fragmentada. Quero dizer que, assim como Mário de Andrade se valeu de uma forma livre para escrever suas poesias, ainda que pertencentes à era moderna, eu também acredito que a melhor forma de coreografar, no caso Metrópole, *seja através da liberdade de criação de movimentos. Mesmo que nesse espetáculo seja possível observar a presença de técnicas de dança, não houve a intenção de estar atrelado a nenhuma delas especificamente, mas sim, de dar vazão a imaginação, de forma livre, tal qual é uma grande cidade, sempre aberta a novidades.*

13) ORIENTADOR – *Como você escolheu o tema da metrópole para sua coreografia?*

ORIENTANDA – *A vida nos grandes centros urbanos sempre exerceu grande fascínio sobre meu imaginário e sensibilidade. O desejo de conviver com a velocidade e a necessidade de completa independência, características essas que permeiam a rotina das cidades mais movimentadas, sempre se fez presente em mim, desde a infância. Ao me ver sozinha pelas ruas de Nova Iorque, por exemplo, as aglomeradas sensações de medo e liberdade vieram à tona, revelando uma prazerosa sensação de poder de decisão. Diante desta realidade, então, posso considerar que o desejo de experimentar a vida em uma grande metrópole sempre esteve incorporado à minha personalidade, fato esse que, em minha prática artística, mais dia, menos dia, acabaria sendo revelado. Eu não escolhi o tema da metrópole, ele me escolheu. O ambiente cotidiano das metrópoles me induziu a desejá-lo como meu ambiente de vida, de modo que, em minha criação, quando percebi, já estava envolvendo questões referentes a ele. Eu simplesmente não escolhi. Quando percebi, o que eu vinha criando era exatamente aquilo, então, eu só fiz "batizar".*

14) ORIENTADOR – A metrópole que serviu como exemplo foi São Paulo em razão do poema ou independente disso?
ORIENTANDA – *Não posso dizer que tenha sido São Paulo unicamente. Não houve a intenção de retratar esta ou aquela metrópole, mas sim, de mostrar o homem que vive nesses lugares. É claro que São Paulo foi uma influência muito forte, não apenas em função do poema, mas em função da própria experiência prática do grupo, entretanto, a metrópole do espetáculo também pode ser vista como Nova Iorque, Londres ou Berlim...O foco do espetáculo mesmo são as situações humanas presentes nas metrópoles e não a metrópole em si.*

15) ORIENTADOR – Qual é a visão do homem na metrópole que o espetáculo revela?
ORIENTANDA – *O espetáculo revela o homem urbano contemporâneo e suas angústias, suas dores, suas alegrias, suas dúvidas. Sua visão, portanto, é múltipla, como seu próprio comportamento. Aliás, essa coisa do múltiplo está mesmo muito presente no espetáculo. O personagem central da história surge como um ser "puro", livre das influências da cidade grande, ainda não contaminado pela realidade cultural da metrópole. Esse homem se vê diferente dos demais, porém, começa a adquirir características, a incorporar informações e, finalmente, a se transformar em termos de personalidade e, consequentemente, corpo e*

comportamento. Isso pode ser considerado uma visão do homem na metrópole do espetáculo.

16) ORIENTADOR – Quais foram as estratégias cênicas usadas para expressar a visão coreográfica de uma metrópole?
ORIENTANDA – A primeira coisa que eu imaginei foi o cenário. Eu achava que, ao mesmo tempo que tinha de ser uma coisa meio feia, caótica, também tinha que dar uma sensação de janelas de apartamentos, com as pessoas vivendo cada uma em seu mundo. Quando argumentei isso com o Gláucio Sapucahy, nosso diretor executivo, é que surgiu a ideia dos andaimes. Nós pensamos em fazer uma adaptação nos andaimes para ficar parecendo um prédio, mas depois preferimos deixá-los assim mesmo, crus. Na minha concepção, os andaimes dão também uma conotação de crescimento vertical. Junto com os andaimes, foram utilizados pneus, mas eles vieram depois. Eu sabia que queria fazer os bailarinos dançarem com os pneus. Na verdade, não houve muito tempo para trabalhar essa parte da pesquisa coreográfica, mas mesmo assim deu pra fazer algumas coisas. Depois de incorporar os pneus a uma das coreografias, resolvi compor o restante do cenário com eles. Mais tarde, o Gláucio deu a ideia de incorporar ao cenário alguma coisa que fizesse referência à tecnologia, então eu mencionei a possibilidade do uso de aparelhos de TV e ele concordou. Uma outra estratégia cênica foi a iluminação, trabalhada em vistas a proporcionar um ambiente frio, sombrio. A trilha sonora, para mim é uma estratégia bem forte. Talvez tenha sido a estratégia à qual mais me dediquei, tanto por ser aquilo que dá mais ênfase ao clima

de metrópole quanto por ser uma das áreas que, excetuando a prática coreográfica, mais me atrai em produção cênica. Fora tudo isso tem ainda a concepção dos figurinos. Optei pela predominância do cinza porque tem muito a ver com as metrópoles, a fumaça. Mas o branco e o preto também foram incorporados para dar uma quebrada e porque são as cores primárias que, juntas, compõem o cinza. Os modelos todos são muito semelhantes aos da moda contemporânea urbana, calças largas, bermudões, camisetas etc. Além dessas estratégias, tudo o que foi criado para o espetáculo tinha como finalidade representar, abstraidamente, uma cidade grande.

17) ORIENTADOR – Como você vê, do ponto de vista da espetacularidade, a vida no cotidiano de uma metrópole?
ORIENTANDA – Essa coisa da espetacularidade é meio polêmica, mas procede. As coisas da vida cotidiana, ainda que não sejam um espetáculo artístico, podem apresentar características que as tornem espetaculares e, para mim, um grande centro urbano é recheado de elementos espetaculares e, portanto, de espetacularidade. Para mim, a velocidade com que os carros passam nas avenidas é algo espetacular, tal qual uma corrida automobilística. Esse espetáculo pode ser bem observado do alto de um viaduto e, por mais grosseiro que possa parecer, é o retrato do progresso. Um outro aspecto espetacular em minha opinião é o emaranhado de pessoas transitando pelas calçadas largas. O vai e vem de uma massa humana pode muito bem ser contemplado como um quadro. É como se um pintor tivesse colocado num quadro uma infinidade de cabeças. Se olharmos de cima, o

quadro parece ser transportado de um lado a outro. Outro aspecto espetacular são as formas compostas pelos arranha-céus que, além de darem um formato diferente ao céu, parecem querer tocá-lo mesmo, sempre em busca do crescimento, do progresso.

18) ORIENTADOR – *Qual foi o processo de identificação e escolha do gesto cotidiano para a composição da coreografia?*
ORIENTANDA – Em primeiro lugar, os gestos cotidianos das metrópoles com os quais houve maior identificação foram aqueles provenientes dos sentimentos que norteiam as relações humanas nessas localidades. Características como a pressa, a indiferença para com o próximo, a carência de afeto, o amor não correspondido, a solidão, a dúvida, o excesso de informações, dentre outras, são alguns desses sentimentos explorados pelo espetáculo. De um modo geral, para representar estes sentimentos, gestos como a maneira de andar, o olhar voltado para uma determinada finalidade, sem desviá-lo para os outros indivíduos que passam, entre outros, foram mais trabalhados. Através de laboratório e pesquisa corporal individual e das observações da rotina da população da cidade de Belém ou mesmo de São Paulo, durante a estada naquela cidade, cada intérprete assumiu uma personalidade, com características comportamentais peculiares. Já nos momentos mais uniformes das coreografias, o trabalho foi mais particularmente meu, sendo explorados, como indutores de movimentos, principalmente os gestos cotidianos dos personagens da cidade, como o operário de uma construção, o guarda de trânsito, a mulher no ponto de ônibus, as pessoas que praticamente se atropelam

para entrar no metrô, entre outros, além de explorar os sentimentos humanos que geram essas gestualidades.

19) ORIENTADOR – A coreografia apresenta um enredo ou uma sucessão de conceitos?
ORIENTANDA – Há um enredo, obviamente, mas ele não é linear. O que de fato acontece é que sobre a narrativa existem basicamente duas concepções. A primeira delas é a narrativa geral do espetáculo, a qual se apresenta de forma fragmentada, isto é, não há uma sucessão de acontecimentos lógicos em busca de um fim. As histórias são lançadas na encenação sem o intuito de uma resolução. Por outro lado, há uma segunda concepção, que se encontra meio escondida no enredo geral, que é a história do personagem central que, diferente dos outros, evolui de maneira linear. Seu enredo particular possui um início, meio e fim, mas que não é o enredo do espetáculo, é apenas o daquele personagem.

20) ORIENTADOR – Houve uma preferência por gestos tipificadores de uma determinada metrópole ou não?
ORIENTANDA – Como a representação da cidade, os gestos também não fazem referência a uma única e exclusiva metrópole. Tudo é fruto de uma grande colagem de influências e não de um único indutor.

21) ORIENTADOR – Houve alguma prioridade na escolha do texto ou ele veio como consequência?
ORIENTANDA – O primeiro contato que eu tive com Pauliceia Desvairada *foi através do poema* Ode ao Burguês, *que eu já*

conhecia há algum tempo, mas ainda não sabia que fazia parte da Pauliceia. *Em meus trabalhos, sempre tive a palavra como um forte indutor. Foi assim que fiz o espetáculo* Policarpo Quaresma do Brasil, *que foi inspirado na obra do Lima Barreto. O* Muiraquitã, *que além da lenda já conhecida das índias Icamiabas, foi também induzido pela lenda-poema de Paes Loureiro. Quando comecei a criar a primeira coreografia de* Metrópole, *senti um vazio enorme devido à ausência da palavra. Eu já conhecia superficialmente algumas coisas do Mário de Andrade, mas nem lembrava. Quando o Márcio Moreira, ator do espetáculo que dirigiu os laboratórios teatrais com os bailarinos, comentou comigo a respeito de* Ode ao Burguês *foi que eu liguei os fatos: São Paulo, a Semana de Arte Moderna etc. Imediatamente fui pesquisar para incorporar ao processo, só que eu acabei incorporando também ao produto, isto é, ao espetáculo. O casamento foi feliz, tanto que, além de ter se solidificado e gerado muitos elementos coreográficos para o espetáculo, gerou filhos, isto é, poemas criados pelos próprios bailarinos. Dessa maneira, devo admitir que houve mais ou menos uma prioridade e mais ou menos uma consequência na escolha do texto. Eu já sabia o que queria, só não sabia onde estava. Quando o texto apareceu, eu nem pensei em procurar outros. Mais tarde, fiz um trabalho com um poema do Drummond. Pensei em incorporar ao espetáculo, já que falava do homem e suas mazelas, mas depois desisti porque o Drummond tem um lado mais rural.*

22) ORIENTADOR – *De que forma a discussão interna do grupo, no processo de concepção do espetáculo, fortaleceu o processo de criação?*

ORIENTANDA – À medida em que o espetáculo era construído, a cada cena montada, surgiam novos motivos para discussão entre os integrantes da companhia. Os temas das discussões variavam desde a estrutura coreográfica até a própria concepção de cenário e figurinos. A primeira grande discussão foi a respeito do que era uma metrópole. Àquela altura, os integrantes já tinham passado uma breve temporada em São Paulo, o que os inspirou e solidificou ainda mais a discussão. A partir de então, novos elementos eram incorporados à estrutura do espetáculo. Algumas ideias se tornavam novos motivos para minha criação em particular. Dessa maneira, o trabalho foi ganhando corpo através de uma associação de experiências as quais podem ser atribuídas características de uma criação coletiva. Além disso, o grupo adquiriu mais autonomia, maior propriedade sobre a temática e, consequentemente, maior segurança, fortalecendo não apenas o processo de criação, mas a própria encenação.

23) ORIENTADOR – *O que motivou você na escolha dos temas musicais e dos sons?*

ORIENTANDA – Bem, quanto aos temas musicais, devo admitir que, no caso do primeiro trecho coreográfico que montei para este espetáculo, primeiramente pensei nos movimentos e depois na música. Na verdade eu achava que deveria trabalhar com música eletrônica, alguma coisa assim mais contemporânea, mas depois eu lembrei de um trecho do tema do verão *de* As Quatro Estações, *de Vivaldi, e pensei que usar a música clássica poderia ser interessante para contrastar com o tema e a linha coreográfica. Escutei, escutei e escutei e decidi colocar minha primeira combinação de movimentos em uma das músicas. Gostei e comecei a pensar nas demais cenas. Compreendi depois que cada tema (primavera, verão, outono e inverno) tinha um clima, um sentimento de alegria, de tristeza, melancolia, ironia, enfim, situações referentes à temática do espetáculo. Quanto aos sons, tive a ideia de criá-los para casar com os movimentos e coreografias às quais já havia concebido e, especialmente, à ideia que cada um desses momentos transmitiria. Foram criados ao todo três montagens sonoras. A primeira delas, composta de uma mistura de sons que fazem referência à tecnologia (computador, internet, videogame etc.), foi utilizada para a cena* Dicotomia. *A segunda, uma mistura de sons de flashes fotográficos, foi utilizada na cena da burguesia e a terceira e última, composta de várias vozes em diversas línguas, retiradas de DVD's em diferentes idiomas, serviu de trilha para o solo* Multilíngua, multicorpo.

24) ORIENTADOR – Como foi o processo de criação e construção dos sons relativos ao Metrópole?
ORIENTANDA – *Todos os sons foram montados graças às maravilhas da tecnologia, graças ao computador. Alguns sons foram conseguidos pela internet e programas de computador, outros, como argumentei anteriormente, foram retirados de DVD's diversos com opção de dublagem em diferentes línguas. Após isto, foi realizado um procedimento de copiar e colar pequenos trechos, de*

modo a montar os sons, uns por cima dos outros, deixando-os na medida de tempo que eu necessitava para cada cena.

25) ORIENTADOR – Você considera que a relação entre o tema da metrópole e a forma da dança contemporânea seja a opção mais rica na construção coreográfica?
ORIENTANDA – Penso que a dança contemporânea possa dançar qualquer tema. Em contrapartida, o tema da metrópole não ficaria muito artificial se dançado em forma de balé? Não consigo nem imaginar como seriam representadas as pessoas da cidade grande usando sapatilhas. Acho que não é uma questão de riqueza, mas sim de adequação. Acredito que, no caso do tema da metrópole, a melhor opção coreográfica seja a linha contemporânea, que condiz com a realidade das metrópoles e nos dá maior liberdade de criação para representar as situações inerentes a essa metrópole.

26) ORIENTADOR – Quando você concebe uma coreografia, você sempre se espelha na realidade, como no caso de Metrópole, ou também parte de abstrações?
ORIENTANDA – Não. Nem sempre me espelho na realidade. Já fiz outros trabalhos que se baseavam em coisas mais abstratas como lendas, fenômenos da natureza, quadros, histórias de livros, poemas etc. A diferença é que esses trabalhos não tinham a conotação de dança contemporânea mesmo, de observação, pesquisa e abstração gestual, era uma coisa muito mais de técnicas de dança. Se considerarmos essas características como condições para a criação coreográfica, então Metrópole não só partiu da

realidade como também foi meu primeiro trabalho nesse estilo de dança. Portanto, isso não significa que meus próximos trabalhos só poderão se espelhar na realidade, muito pelo contrário. Adoro desafios, especialmente em se tratando de dança.

27) ORIENTADOR – Como você vê a relação entre o bailarino e o ator em cena?
ORIENTANDA – De uma forma geral, penso que a relação entre o bailarino e o ator representa uma troca de experiências extremamente valiosa para as artes cênicas, já que o teatro e a dança, na minha opinião, se completam. Não consigo pensar a dança sem os artifícios de interpretação do teatro. O bailarino, hoje, especialmente em dança contemporânea, acaba sendo meio ator e o ator, por sua vez, acaba sendo meio bailarino, já que o teatro atual não trabalha unicamente em função do texto. No caso específico do espetáculo Metrópole, *penso que essa relação seja válida no sentido de compartilhar experiências cênicas entre os intérpretes, que aprendem coisas novas mutuamente. Sendo assim, o ator não é apenas um narrador ou declamador de poemas. Ele dá vida à palavra, mas de forma contextualizada com os demais personagens e com o próprio espetáculo. As duas linguagens artísticas não chegam a se confundir, mas suas fronteiras estão bem tênues, o que aliás não é uma característica exclusiva do* Metrópole, *mas das artes cênicas como um todo. No caso do* Metrópole, *observamos que em determinados momentos os bailarinos parecem ser atores, ainda que não tenham a responsabilidade de transmitir a palavra falada.*

Em outros momentos, o ator interage corporalmente com os bailarinos, como se fosse um deles.

28) ORIENTADOR – O que você pensa da interligação entre as artes?

ORIENTANDA – *Penso que a interligação entre as artes, hoje em dia, já seja algo tão forte que, mesmo sem a intenção, ela acaba acontecendo. Não há como negar e acredito que seja uma coisa muitíssimo positiva, que engrandece trabalhos, torna-os mais consistentes, mais ricos. Em se tratando das artes cênicas, então, essa relação é mais forte e evidente ainda. O teatro e dança para mim, são irmãos e caminham juntos.*

29) ORIENTADOR – Qual foi sua emoção no ato de criar esta coreografia?

ORIENTANDA – *Criar* Metrópole *para mim foi um grande desafio. Foi especial por ser a primeira iniciativa consciente de tentar romper com as barreiras que outrora me impunham tantas regras e obrigações. Mais especial ainda, foi o fato de ter sido tão fortemente influenciada por pensamentos teoricamente fundamentados. Foi impressionante como as coisas foram se encaixando. Eu não fiquei em nenhum momento super preocupada com o que deveria fazer, fui simplesmente fazendo, as coisas foram ganhando vida e força. A trilha foi surgindo, os movimentos, a cenografia, o figurino...Tudo foi ganhando corpo calmamente. Após a primeira montagem, quando decidi assumir a possibilidade de uma reflexão teórica acerca desse espetáculo, a emoção ganhou um novo sabor de responsabilidade. É lógico que eu compreendo que preciso fazer bem feito para que dê tudo certo. Sinto muito prazer em ter esta chance e poder dividi-la com os bailarinos da companhia, pessoas tão importantes na minha formação profissional. Pessoas que aprendem comigo e que, simultaneamente, me ensinam. Pessoas que acreditam nesse espetáculo.* Metrópole *é, na verdade, o reflexo coletivo de várias coisas, dentre elas, da necessidade de comungar de uma mesma experiência, diferente de todas as outras já vivenciadas, assim como é resultado de uma união e credibilidade mútua entre as pessoas que compõem a Companhia Moderno. Espero que seja apenas um primeiro passo e que venham muitos outros.*

30) ORIENTADOR – *Você fala na dissertação sobre a sua concepção de impregnação cultural. Detalhe mais isso.*
ORIENTANDA – A impregnação cultural é o processo de apreensão de informações exteriores ao corpo do indivíduo, isto é, características não-biológicas, mas sim culturais, do meio no qual aquele indivíduo está inserido. Na verdade, esse conceito tem por finalidade enfatizar o corpo enquanto hospedeiro dessas informações culturais.

31) ORIENTADOR – *O que levou você a conceber esta conceituação?*
ORIENTANDA – Na verdade, essa conceituação foi concebida para explicar melhor a ideia de que o corpo carrega consigo não apenas aspectos genéticos, ou seja, ele não é constituído apenas de informações hereditárias. Há uma outra hereditariedade

que se estabelece pelas vias da convivência com o meio. Ao ter contato com teóricos que explicavam essa ideia de diversas formas, julguei interessante atribuí-la uma nomenclatura de fácil entendimento.

32) ORIENTADOR – Que outros conceitos motivaram você a chegar à essa ideia?
ORIENTANDA – Os conceitos de endoculturação (Geertz), "imprinting cultural" (Morin) e trajeto antropológico (Durand) me motivaram a criar uma espécie de associação de ideias semelhantes, dando-lhe uma outra nomenclatura.

33) ORIENTADOR – O que distingue esta sua ideia dos outros conceitos ligados a essa questão?
ORIENTANDA – Os autores nos quais me inspirei falam na incorporação de características culturais de um modo geral. O conceito proposto por mim considera mais o aspecto motor da coisa. Minha ideia é privilegiar a impregnação cultural do e no corpo. Os outros autores falam na interdependência homem-cultura, mas não especificam os aspectos corporais dessa relação.

34) ORIENTADOR – Como você identificaria no Metrópole a presença deste processo de impregnação cultural?
ORIENTANDA – Acredito que a impregnação cultural em Metrópole esteja cercando tudo, desde a coreografia até as atitudes comportamentais dos intérpretes, que surgem no espetáculo principalmente por meio da gestualidade. A impregnação dos personagens é

retratada através da representação de indivíduos impregnados de uma cultura veloz e egoísta, como nas metrópoles, o que de fato já faz parte da realidade de cada bailarino-intérprete. Há ainda a presença do ator-intérprete, que é o maior exemplo de um processo de impregnação cultural, já que seu personagem chega à metrópole de uma determinada maneira e aos poucos se impregna de novos elementos comportamentais.

ANEXO
HINO À DANÇA
João de Jesus Paes Loureiro

A dança é o incêndio da beleza.
É corpo que se faz obra de arte e objeto do desejo.
Poesia que se liberta da palavra.
Oceano gestual de um mar ilimitado.
O corpo na dança se faz um duplo ser,
unidos braço a braço, perna a perna,
torso e ventre e ventre e torso,
unidos corpo e dança, dança e corpo,
casto coito entre o sonho e a realidade.
Ora um ora outro torna-se visível.
A dança é língua enquanto o corpo é fala.
A dança, como um pássaro voando,
é sempre a solidão sem asas de um abismo.
Contemplá-la é contemplar as nuvens
atados à terra que nos prende ao chão.
Impossível separar dança e imaginário. O gesto que dança do corpo na dança.
Pois a dança é fogueira de um coração em chamas.
Fogueira de mãos, de braços, de olhar, de corpo inteiro.
Não se separa o dançar do amor à dança.
É o amor que dá ao corpo essa ardência, esse ardor, esse arder.
Um vulcão de quimeras é a dança.
A eternidade equilibrada em breves sapatilhas.
Vitral da alma na catedral do corpo.

Autorretrato delicado e enérgico do ser.
Liturgia de eros nos sentidos.
Autoflagelação com lâminas invisíveis e glorificação narcísica do corpo.
Pois é no corpo, celebrante celebrado, que a dança tem morada.
E faz o corpo habitar o mundo com leveza.
Emoção inseparável, a dança brota da carne como a ilusão brota da vida; como as pétalas, da flor; como o calor, do amor; como o suor, do ardor do sexo; como a lua nasce do luar.
A dança torna visíveis poderes invisíveis, mágicos ou místicos.
Turíbulo de símbolos.
Pólen dos delírios.
É a poesia que dança no corpo que dança, como um jogo de espelhos paralelos.
Na ponta dos pés da bailarina, equilibram-se o mundo e o destino, com a leveza levíssima de um suspiro pousando no silêncio.
O corpo que dança se liberta, porque a dança é asa e voo por sobre a cordilheira da existência.
Risco entre o ser e o não ser, a vida e a morte, o tempo e a eternidade.
O que ama se converte em ser amado. O corpo que dança em dança se transforma.
A dança é transparência mais leve do que o ar.
Porque o lugar da dança está no ser que dança.
Persona e personagem.
O corpo feito linguagem.
Nada mais visceral e cósmico do que a respiração ofegante e sôfrega após a dança. A bailarina volta a respirar por seus humanos pulmões.
Se mergulhada no mar de encantarias de sua arte, é como se respirasse pelas guelras de yaras
e sereias. E só voltasse a respirar humanamente quando, após a dança, tornasse ao mundo de todos nós meros mortais.
A dança não tem fim.
Ela apenas se recolhe ao corpo de quem dança como as chamas de um vulcão jamais extinto.

Oh! Dança, glória do corpo, razão da alma, sagração do olhar.
Oh! Mediadora entre o céu e o inferno da beleza.
Eu te celebro, com palavras que dançam na linguagem.
E também vós que dançais, na dança eu vos celebro!
Dançai e dançai sempre.
Dançai sempre.
Dançai!

Impresso em São Paulo, SP, em abril de 2010,
com miolo em off-set 75 g/m²,
nas oficinas da Corprint.
Composto em Corbel, corpo 12 pt.

Não encontrando esta obra nas livrarias,
solicite-a diretamente à editora.

Escrituras Editora e Distribuidora de Livros Ltda.
Rua Maestro Callia, 123
Vila Mariana – São Paulo, SP – 04012-100
Tel.: (11) 5904-4499 – Fax.: (11) 5904-4495
escrituras@escrituras.com.br
vendas@escrituras.com.br
imprensa@escrituras.com.br
www.escrituras.com.br